あなたの部屋に神様のお家を作りませんか

神棚のある暮らし方

窪寺伸浩

牧野出版

はじめに　神様のお家を作ろう！

神棚、というものをご存知でしょうか？

今の日本人、特に若い方には、あまり馴染みのないものかもしれません。

私は、木材問屋クボデラ株式会社の社長として、木や神棚の大切さを多くの人に伝える仕事をしています。私の会社は、「木を哲学する企業」と名乗り、国内外木材、木質建材の輸入卸売りや、社寺用材の納入、神棚セットの販売などを行っています。

そして私は、「神棚マイスター」として、神棚の大切さを説き、普及する活動を行っています。

二〇一五年の七月十二日、浅草神社にて、三笠宮彬子女王殿下を総裁にいただく「心游舎」主催で、「神様のおうちをつくろう！」という、小学生を対象にしたワークショップが行われました。昔はどこの家でも見られた神棚ですが、その存在を知らない若い世代が増えてきました。そこで、ふだん忘れがちな日本人と神様との関係を見直そう、という趣旨のもと、三十人ほどの子どもたちが集まり、神様のお家、つまり神棚づくりを行ったのです。

私は浅草神社の矢野先生から依頼を受けて、このワークショップのファシリテーター、つまり進行役をつとめることになりました。

正直なところ、最初は、単なる「鳥の巣箱づくり」のような木工教室になってしまうのでは、という不安もありました。しかし、子どもたちの「神様のお家をつくるんだ」という純真な思いのおかげで、このワークショップは、想像以上に深いものになったのです。

「神様のお家はどこにあるのかな？」

「神様のお家といえば神社だけど、みんなの家にも、神様が住んでくれたらいいと思わない？」

そんな私の問いかけに、子どもたちは「神様って、どんな方なんだろう」と大いなる好奇心を持ち、自由な発想と想像力で、素晴らしい場をつくってくれました。

この「神様のおうちをつくろう！」というワークショップは、「神様と人間」という人類の大命題を考えるきっかけにもなりました。そして図らずも、地域社会の子ども、神社、木（自然環境）を結びつける、最高の教材にもなりました。無心になって神棚の製作に取り組む子どもたちの姿から、私はこの「結ぶ力」を強く感じた次第です。

元来、神社は、コミュニティ、つまり共同体の真ん中にありました。そしてそのコミュニティをまとめている存在こそが、神様だったのです。

神様って、誰だろう？　神様って、なんだろう？

少し大袈裟に言えば、その答えは、まさに「愛」なのではないでしょうか。太陽のように、誰にでも平等に光を与えてくれる存在。そんな存在が、神様なのです。

そして神様のお家とは、その愛の光が発せられる場なのです。

思えば、私が神棚マイスターとして、神棚の普及を訴えはじめたきっかけの一つは、東日本大震災でした。あの悲惨な状況の中でも、日本人が助け合い、秩序整然とした生活をしているのを見て、世界中の人々は驚いたといいます。日本人というのは、なんと精神性の高い民族なんだろう、と。

しかし、この高貴な精神を持つ日本人は、永遠の存在なのでしょうか。

「お天道様が見てるよ」

「そんなことをしたら、罰が当たるよ」

「情けは他人のためならず」

そんな素朴な道徳、価値観、信仰心。かつて、日本人の行動の根には、必ずそういったものがありました。

そしてそれは、学校教育だけではなく、家庭教育の中で、培われ、育まれてきたものでした。

家庭の中の神棚や仏壇は、目に見えない存在、生命の源ともいうべき神様、仏様、ご先祖様そのものです。それを日々拝むことによって、日本人は生命の流れを感じて来たのです。いわば、家庭の中の神棚や仏壇は、無言の教師だったのです。

この伝統の中にこそ、「日本人」が存在したのではないでしょうか。日本人の持つ「清く明るく勇敢な心情」は、神棚や仏壇を通じて、育まれてきたはずです。神棚や仏壇を前にして、日本人は、日本人になっていくのではないでしょうか。

今、日本の住宅の中に、神棚の居所はありません。神様もさぞ居心地が悪いでしょう。自宅や会社に神様のお家、神棚を設けてお祀《まつ》りするということは、まさに、私たちの中に、神様が生きるということなのです。

本書では、神棚に馴染みがない方にも分かりやすいよう、各章の冒頭に、一人暮らしの若い女性が初めて自宅に神棚をお祀りするまでの、ちょっとした物語を加えています。

神棚のことをまったく知らないという人も、少し興味があるという人も、ぜひ神棚を家にお祀りしたいという人も、神棚の入門書として、気楽に読み進めていただければ幸いです。

窪寺　伸浩

あなたの部屋に神様のお家を作りませんか
神棚のある暮らし方

目次

はじめに　神様のお家を作ろう！……1

第一章　神棚って何？……13
神様という存在……21

第二章　神棚の意味……31
神棚をお祀りした会社……40

第三章　神棚を住まいに置く……55
神棚の起源……63

第四章　お祀りする御神札……71
神社の種類……78

第五章　神棚を祀ってみた　89
生命《いのち》の宣言《のりごと》　104
第六章　神棚のある生活　107
感謝と祈り　116
おわりに　心の中に神棚を　126
特別付録　もっと知りたい、神様の話　129
ありむら治子／大鳥居信史／小俣茂／神谷光徳／猿渡昌盛／
高山 亨／山谷えり子／矢野幸士／和田裕美

装丁・本文デザイン◎神長文夫＋坂入由美子

あなたの部屋に神様のお家を作りませんか ◎ 神棚のある暮らし方

第一章

神棚って何？

都内某所の神社の境内で、私は一人、考え込んでいた。

私の手には、ついさっきいただいたばかりのお札——御神札《おふだ》がある。


二年ほど前、私は地元の大学を卒業して、就職と同時に上京、晴れて都会のOLになった。住み慣れた地元を離れてスタートした、初めての一人暮らし。

最初は、家族に自分の時間を邪魔されない自由さや、夜でもにぎやかな都会の華やかさを満喫していた。掃除や洗濯だってマメにやっていたし、自炊も毎日のようにしていた。毎日の仕事はたいへんだったけど、一つずつ新しいことを覚えるのは楽しかったし、それはそれで充実していた。

でも、一年経ち、二年経ち、仕事もプライベートも、慣れて要領よくやれるようになると、私の生活は徐々に変わっていった。

誰に見られているわけでもないし、家事も徐々に手抜きをするようになった。外食や出来合いのご飯を買って来ることも増えたし、休日なんて昼前まで寝っぱなしで、朝と昼、兼用のご飯を食べることもしばしば。

今やすっかり、怠惰な生活サイクルに飲み込まれていた。

このままでいいのかなぁ、という漠然とした不安にかられて、せめて休日くらいは、と、なにか新しいことを始めようと思ってみても、結局は、だらだらといつも通りに過ごしてしまう。

でも、今朝は珍しく、休日だというのにやけに早く目が覚めた。外はお出かけ日和のいい天気だった。でも、今日は出掛ける用事も、誰かと会って遊ぶ予定もない。そこで散歩がてら、近所の神社に向かった。行くまでは、なんていう神社かも分かっていなかったし、他に早朝から開いているお店なんてコンビニくらいだから、なんとなく訪れただけ。

でも、人もまばらな早朝の神社の空気は、どこか清々しかった。

とりあえず参拝して、授与所に立ち寄った。授与所なんて、正直、お土産物売り場くらいの感覚だったし、いつもはせいぜい、初詣でお守りを一ついただくくらいだ。

でも、今日の私は本当に気まぐれだった。目に留まった神社の御神札に、なんとなく惹かれて、気付いたら巫女さんに告げていた。

「これ、いただけますか」

そして、御神札を手にした私は――途方に暮れている。

見切り発進でいただいてみたはいいけど、このお札、どうしたらいいんだろう。引き出しの中に入れてしまっておく……っていうのはあんまり聞かないし、普通にどこかに立てかけておけばいいのだろうか。でも、こういう神聖なものをあんまり適当な場所に置くと、罰が当たるだろうか。

しまったなぁ。よく考えてからいただけばよかった。でも今さら、これどうしたらいいですか、なんて神社の人に尋ねるのもなぁ。

私が授かったばかりのお札を手に、境内でぼーっと突っ立っていると、同じように一人で神社に来ていたおじさんと目が合った。軽く会釈をすると、おじさんが笑顔で私にあいさつをしてくれた。

「こんにちは。いい天気ですね」

「そうですね、散歩日和って感じですね」

そう返すと、おじさんは穏やかな笑みを浮かべて言った。

「神社にはよくいらっしゃるんですか？」

「いや、そういうわけじゃないんですけど、今日はたまたま。普段は神社に行く機会なんて、初詣と、あとは旅行先で有名どころに行くくらいです。おじさんは、よく神社とか来るんですか？」

「えぇ、まぁ」

　なんだか優しそうな人だし、神社にも詳しそうだ。この人なら、なにか教えてくれるかもしれない。

「あの、もし知ってたら教えていただきたいんですけど……。神社でいただいたお札って、これからどうしたらいいんですかね。なんとなくいただいてはみたものの、どうしていいか正直よく分からなくて」

　私の問いかけに、おじさんはあっさりと答えた。

「神棚にお祀りするのがいいでしょう」

「神棚……って、なんですか？」

「若い人にはあまり馴染みがないでしょうね。神棚というのは、とても分かりやすくいえば、小さなお社《やしろ》、いわば、神社のミニチュアのようなものです。神様の住まいですね」

「あぁ、あの、古めの家の高いところによくある、ちっちゃい神社みたいな」

そういえば、祖父母の家では見たことがある気がする。確か、ずいぶんと高いところに祀ってあった。泊まりがけで遊びに行った時に、毎朝、祖父母が踏み台を使って、なにかお供えしていたり、手を合わせたりしている姿を見た覚えがある。

「ただ、より正確に言うと、そのミニチュアのお宮は『宮形《みやがた》』と呼ばれる部分です。そして、その宮形を乗せるのが『棚板《たないた》』、そこに、その『御神札《おふだ》』が加わったものが神棚です」

「その神棚に、このお札を置くんですか?」

「えぇ。神棚は、北側に置いて南向きになるのが好ましいのですが、お家の構造上難しければ、東や西向きでも構いません。ただ、南側に置いて北向きというのは避けるべきだとされています」

もちろん、私の家に神棚なんて立派なものはない。これから神棚を設けるといっても……、私の部屋に、神棚?

狭い賃貸の部屋を思い浮かべてみたけど、部屋の中に神棚がある様子がいまいちイメージできない。

「こう言うとなんですけど、なんか、たいへんそうですね。このまま置いておくだけじゃダメなんでしょうか……？」

私がおずおずとそう言うと、想像通りの答えだったのか、おじさんは小さく笑いながら言った。

「あなたのお家に、屋根はありますか？」

「え？　屋根？　いや、さすがにありますけど……」

「あなたは雨露をしのぐ屋根付きのお家に住んでいるのに、神様には野宿をさせるんですか？」

「えっ？」

「その御神札は、いわば神様そのものです。そう考えると、神様だって、屋根のある家に住まわせてあげなければ、と思いませんか？　神様も人間も同じです。あなただけが良い目をして、神様が良い目をできないのは、やっぱり良くないですね。せっかくだから、神様のお家を作ってあげてください。そうすれば、神様はきっとそこに住んでくださいますよ」

なるほど。確かに、いただいたばかりのこのお札に、もし神様が宿っているのだとしたら、そういう考え方もできる。それに、自分の部屋に神様が住む、という響きは、少し魅力的だった。

「今言ったことは、有名神社の神職をされている友人から聞いた話の受け売りですけどね。でも、なかなか説得力のある話でしょう」

「確かに、そういう考え方をすると、そんな気がしてきました」

私が素直にうなずくと、おじさんは微笑んで言った。

「せっかくなのでこの機会に、あなたのお部屋に、神様のお家を作ってみませんか——」

神様という存在

さて、ここまでの物語はいかがだったでしょうか。

主人公と同じように、忙しい毎日の生活に、どこか張り合いがないと感じている人も多いかと思います。そしてまた、主人公のように「神棚？　なにそれ？」と思う人も多いことでしょう。

本書を読み進めて、主人公といっしょに、神棚について理解を深めていただければと思います。

物語の後半に出てくる、「あなたのお家に屋根はありますか」という問いかけで始まる一連の話。あれは実話です。

私の友人に、元熱田神宮禰宜《ねぎ》の嬉野誠さんという方がいます。ある時、嬉野さんが、熱田神宮豊年講教養講座で「神様のご利益をいただくには」という題で講演をされました。

そこで聞いたのが、以下のような話です。

私は現在、別の課におりますので、授与所に座ることはほとんどございませんが、宿直の際に夕刻より授与所勤務となります。授与所というのは、社務所の一部でお札やお守りなどを頒布している場所のことです。

ここに座っておりますと、お札を持った方がやってきて、よくこのようにお尋ねになります。

「今、厄除けのお誘いをしてもらったんですが、このお札を頂きました。どうすれば良いんでしょう」

こういう時、若い神職や巫子と参拝者は、たいてい以下のようなやり取りをします。

「一年間、お祀りしてください」

「お祀りとはどうすればいいのですか」

「神棚に置いてお祀りすればいいのです」

「家に神棚がないのですが」

「それでは、失礼のないように、目の高さ以上の場所に置いてください」

「高いところ……。本棚の高い所でいいですか」

「はい」

と、ここでうなずいてしまう若い神職者や巫女さんが大勢おりますが、私に言わせれば、とんでもないことです。

とはいえ、ここで私が「それは違う」と主張し始めると、参拝者も混乱するので黙っておりますが、もし尋ねられたのが私であれば、こう答えます。

「神棚を準備してください」

そう言うと、参拝者は驚いた顔をするかもしれません。しかし、私は構わずに続けます。

「お社を準備して、その中にお札をお納めして下さい。神棚の向きは北側で南向きにしますが、お家の造りによって出来ない場合は東向きでも西向きでも構いません。しかし、南側で北向きというのはいけません。これだけは、どんなことがあっても避けてください」

参拝者は、「しかし、わざわざうちに神棚を作るなんて」と面倒に思い、困り顔になるでしょう。そこで、私は参拝者に問いかけます。

「あなたの家に、屋根はありますか」

当たり前のことを言われて不思議そうにうなずく参拝者に、私は諭すようにお話しします。

「あなたは雨露をしのぐ屋根付きのお家に住んでいるのに、神様には野宿をさせるんですか。神様も人間も同じです。せっかくだから、神様のお家を作ってあげてくださいよ。それはいちばん大事なことじゃないですか。あなただけ良い目をして、神様は良い目が出来ないのは、やっぱり不味いですね」

そう言うと、だいたいの方が納得してくださいます――。


なかなかおもしろい話だと思います。これを聞くと、多くの方が「なるほど」と思うでしょう。説得力のある説明です。

自分は屋根のある家に住んでいながら、神様の家である神棚が「ない」というのは問題ですよね。

ここで、「神様」という存在についても、少し考えてみましょう。

突然ですが、柱のようで、綱のようで、木の枝のようで、扇のようで、壁のようで、パイプのようなもの。これは、いったいなんのことでしょう。

なんのことだと思われたかもしれませんが、実はこれ、象のことなのです。

「群盲象を撫でる」という言葉があります。

この言葉は、多くの盲人が象を撫でた際、それぞれが象に全く違う印象を持った、というインドの寓話からきています。

足を触った人は「柱のようです」。

尾を触った人は「綱のようです」。

鼻を触った人は「木の枝のようです」。

耳を触った人は「扇のようです」。

お腹を触った人は「壁のようです」。

牙を触った人は「パイプのようです」。

盲人たちが言ったことは、すべて正しい事実ですが、象という存在全体を認識するのには相応しくありません。

つまり、全体を見ずに、ある一部分だけで全体を語ることは愚かしい、という意味です。

なぜそんな例をあげたかというと、神様もまた、目に見えない存在だからです。

「神様が存在するなら、見せてくれ」

世の中には、そんなことを真顔で言う人がいます。自分の目に見えないものは信じない人なのでしょう。

しかし、よく考えてみてください。

私たちの目は、自分の目や口や鼻を直接見ることはできません。背中やお尻だって見えません。

私たちが普段見ている自分の姿は、鏡に映ったものでしかないのです。

周囲に溢れているはずの電波や光も見ることはできませんし、愛も、智恵も、よろこびも、幸福も、そして生命も、目には見えないものです。

そもそも「神」という言葉は、「隠り身（カクリミ）」を語源とするという説があります。もしそうであれば、私たちの祖先は、神様は隠れていて目に見えないという認識をすでに持っていたのでしょう。

古来から、見えない存在の方が、重要なもの、本質的なものだったのですね。

日本人の神様に対する感覚というのは、とても不思議なものです。結婚式は神前で、お葬式はお坊さんを呼んで仏式で行い、クリスマスにはケーキを食べてお祝いし、お正月には初詣に出掛けます。最近ではハロウィーンも習慣として定着しつつあるようです。

初詣に行く人の数は、すべて合わせると日本の人口に匹敵します。しかし、初詣を終えた人に、「あなたが今、お参りしたお寺、神社には、どなたがお祀りされていますか」と問いかけると、多くの人が黙り込んでしまいます。多くの人は、なんという神様が祀られているのか知らないまま、漠然とお祈りをしているのです。

まったく、これだから日本人は宗教に対する考え方や態度がいい加減なのだ、とあきれる人もいるでしょう。

しかし私には、このような日本人の考え方は、「いい加減」ではなく「良い加減」ではないかと思えるのです。

八百万《やおよろず》の神々、という言葉が象徴するように、日本人は多くの神様を信じています。これは、八百万の個別の神をそれぞれ信仰している、という意味ではなく、身のまわりの八百万のさまざまな事柄に、神の顕現を感じ、そのお働きに感謝している、という意味です。

多神教の考え方は、多くの個別の神様を信じることではありません。身のまわりの多くの現象、つまり、雨や雷などの天気、あるいは山や海や木などの森羅万象の働きの中に、神様の働きや恵みを感じることから生まれたものです。

そういう意味では、神社にもお寺にもお参りし、クリスマスもバレンタインもハロウィーンも楽しみ、新年には初詣に行って神様に手を合わせる日本人の宗教観は、決して間違ったものではないのです。

今、我々日本人は、群盲象を撫でるかのように、無知なる人間たちが神を知ろうと手を伸ばしている状態です。見えない神様という存在を、各々が自分の触れた箇所だけを元に、自由に語り、自由に信仰しています。日本人にとっての神様という存在は、ある意味、都合のいいものかもしれません。

しかし、相手は象ではなく、神様というあまりにも大きな存在です。そもそも、人間がそのすべてを知り、語り尽くすなんてことはできないのです。

自分の触れた箇所がすべてだと思い込むことは危険かもしれませんが、少なくとも、自分が触れた箇所――そこにいる神様を信じることは、間違いではありません。

一日に数分、数秒で構いません。目に見えない存在である神様に、思いを馳せてみませんか。

第二章

神棚の意味

確かに、部屋の中に神様の家があるって言われると、なんだか縁起が良さそうな気がするし、少し興味は沸いてきた。私はおじさんと一緒に境内にあるベンチに座って、神棚について、より詳しい話を聞くことにした。

「あなたは、パワースポットと呼ばれる場所に行ったことがありますか?」

「あ、はい。誰でも名前を知ってるような、有名な神社とか、そういうところなら」

「神棚をお祀りするというのは、いわば、お家の中にパワースポットのような場所を作る、ということなんです」

「あぁ、なるほど。そう言われると、すごくイメージしやすいですね」

……でもなぁ。神棚をお祀りしたって、結局、ただのお札置き場になる気もするし、正直、おじさんが推してるほど、神棚を置く魅力って感じないよなぁ。

そんな私の気持ちを読み取ったのか、おじさんがゆったりとした口調で話し始めた。

「せっかくなので、一つ、神棚にまつわる面白い話をしましょうか」

「面白い話?」

「ある運送会社には、どうしても交通事故が減らないという悩みがありました。成長中の会社だったので、交通事故さえ減れば、利益も上がるのに、と社長はいつも頭を悩ませていました。もちろん、交通法規の学習会を社内で催したり、コーチングを導入したり、さまざまな手段を用いて努力はしていましたが、いっこうに上手くいかなかったそうです」

「交通事故は命にも関わるし、深刻な問題ですよね」

「そうなんです。だから社長は、なんとかして事故を減らしたかったんですね。そんな時、社長は、本で神棚のことを知りました。そしてすぐに、会社に神棚を祀ることを決めたそうです。運送関係の会社ですから、交通安全のお札はあったのですが、それまではただ置かれているだけで、お祀りされているわけではなかったのですね。それからその会社は、神棚を祀りはじめ、朝礼の中で、社長の『安全祈願』という発声の下、社長、社員一堂が二礼二拍手一礼をするという儀式を導入しました。時間にすれば、たったの十五秒です」

「効果はあったんですか？」

「はい。この儀式が、社員の心を変えたんですね。今までどんなことをやっても減らなかった交通事故が、神棚を祀り、朝礼の中での『安全祈願』の拝礼を導入してからは、本当に減ったそうです」

へぇ。神棚を祀ったことで、これまでどうしても減らなかった交通事故が減るなんて、そんな話、本当にあるんだろうか。

「神棚を祀ったことで事故が減ったのは、どうしてだと思いますか？」

「え？　……神様のご加護とか？」

「もちろんそれもあるでしょうけど、それだけじゃないんですね。十五秒のお祈りの間に、社員一同、『交通安全』ということだけに意識を集中することができたことが大きいのではないでしょうか。それまでに行っていた学習会やコーチングは、個々にとっては有意義な内容だったと思うのですが、それぞれの意識はバラバラでした。たった十五秒でも、社員の心が一つになること、運転する社員だけでなく、社長や事務職の人を含め、全員が安全運転を祈ってくれる。そんな心が、運転する社員に自信を与えた結果ではないでしょうか」

「なるほど……」

「他のケースだと、チェーン展開している飲食店の中にも、神棚を導入したところがありますね。そこの社長は、勉強のために食べ歩きをしていて、この店はすごいとか特色があるなと思う店には神棚があったことから、全店舗に神棚を導入したそうです」

「チェーン店の全店舗に、ってすごいですね」

「そうですね。かなり思い切った判断だと思います。それから、一見神棚とは無縁そうな、ＩＴ関係の会社でも、大きな神棚を社内にお祀りしているところがあります。意外性があって、お客さんにもインパクトを与えられると、社内でも好評だそうですよ」

「確かに、会社に入ってすぐに大きな神棚があったら、インパクトはありそうです」

「今お話ししたのは、どれも会社の場合ですが、個人でもそういった効果は得られると思います。たとえば、毎朝、神棚をお祀りすることでリフレッシュできますし、神様にお米やお水を供えようと動けば、自然と自分自身の食事や生活時間についても見直すことになるはずです。つまり、そういった習慣を持つことが大事なんですね」

そうか。神棚を置いて事故が減ったとか、心が晴れたとかいうと、スピリチュアルな話に思えるけど、単にそういうことではないのかもしれない。

朝、坐禅をしてから出勤する人がいるという話も聞くし、一日のはじめに、姿勢を正して落ち着く時間を持つ、ということには、案外、効果があるのかもしれない。

「でも、運送会社なら、神棚にお祈りするのは交通安全でいいと思うんですけど、個人の場合は、毎朝、なにを祈ったらいいんでしょうか?」

「普段、神社にお参りにきたら、どんなことをお祈りしますか?」

「うーん。仕事がうまくいきますように、とか、健康で暮らせますように、とか……?」

「基本的には、それと同じように、自分が思ったことをお祈りすればいいと思いますよ。しかし、神様というのは人智を越えた大きな存在です。自分のための願いだけではなく、すべての人やものへのお恵みを与えてくださる神様の思いにかなうような祈願をすることも大切だと思います」

「えーっと、たとえば、どういうことですか?」

「たとえば、仕事で成功できますように、という願いは問題ありません。ただし、自分だけが儲けたいというのではなく、仕事でお客様に喜んでもらいたいという気持ちがその根底にあることが大切なんです。その思いが通じた時、神様は願いを聞き入れてくださるでしょう。私たち人間というのは小さな生命、そして神様というのは大いなる生命です。大きさは違いますが、祈願が叶うのは、それらが生命という大きなくくりでは、一つだからです。感謝と祈りが大切なんですね」

「感謝と祈り……ですか」

「そう言われても、ピンとこないですよね。でも、お祀りしていく中で、自然と理解できると思います」

「そういうものでしょうか」

「ええ。かつては、神棚をお祀りするというのは、とても自然なことだったんですよ。どの家にも、神棚というのは当たり前にあったものです」

「神棚って、昔はどんな感じでお祀りされてたんですか？」

「今、お給料は、月末に銀行に振り込まれるでしょう。でも、昔は給料袋に入ったお給料を、手渡しでもらって帰るのが普通だったんです。そうすると、月末にお父さんが持って帰った給料袋を、お母さんが神棚に上げて、手を合わせる。そんな光景が、昭和の頃には珍しくなかったんですよ」

「お給料を神棚に、ですか？」

「ええ。別にお金そのものを拝んでいるわけではありませんよ。給料日に神棚に給料袋を上げる時、お父さんの心の中にはいろいろな思いが巡ったことでしょう。この一ヶ月、失敗したこと、上司に怒られたこと、お客様から大きな注文をいただいたこと。そして、なんとか仕事をやり遂げたこと。そういった反省や感謝の気持ちを持って、神棚の給料を見上げていたんです」

「なんとなく、イメージできるような気もします」

「お母さんも、お父さんといっしょに神棚を見つめていました。お父さんから給料袋を渡されて、自らそれを神棚に上げるお母さんもいたことでしょう。お母さんは、お父さんへの感謝だけでなく、お父さんが働く会社の人や、お客様への感謝の気持ちを持って、手を合わせるのです。そして、そんな両親の姿を見つめる子どもたちも、感謝の心を自然と学んでいったのでしょうね」

「そっか。神棚をお祀りする理由も、いろいろあるんですね」

「元々、日本人は農耕民族です。農業には、太陽の光や恵みの雨、植物の生命力など、自然の働きや力が欠かせません。それらは人間の力でどうにかなることではないので、自然と日本人は、神様に感謝を捧げていたのです。初穂と称して収穫された稲を神様に捧げたのも、かつての日本人が、自分たちの努力だけで結果が出たとは考えていなかったからでしょうね。今はあまり見られない、日本人らしい考え方です」

「でも、そう言われてみたら、今、自分が日本人だなぁって意識すること、あんまりない気がします。特に私くらいの世代だと、食べ物とか、服とか、生活スタイルとか、海外から入ってきた文化が浸透してるのが当たり前でしたから」

「もちろん、時代に合わせて生活スタイルも変化していくのは自然なことですし、それは決して悪いことではありません。ただ、せっかく日本という国で暮らしているわけですから、たまにはそういった原点に立ち返るのも悪くないものだと、私のような古い人間は思いますね」

神棚をお祀りした会社

ここまでの物語にも、いろんな話が出てきました。神棚をお祀りすることの意義を、少しでもお分かりいただけたでしょうか。

物語に出てきた、「ある運送会社」「ある飲食店」「あるＩＴ関連会社」は、もちろん実在しています。

「ある運送会社」というのは、群馬県の「株式会社物流サービス」。

この会社には一時期、どうしても交通事故が減らないという悩みがありました。

会社はまさに成長中。交通事故が減りさえすれば、利益がぐんと上がるという思いもあり、大谷内社長は、なんとかしたいと考えていました。交通法規の学習会を社内で催したり、コーチングを導入するなど、様々な方法で交通事故を減らすことを試みましたが、なにをやってもうまくいきませんでした。

そんな時、私の前著『なぜ儲かる会社には神棚があるのか』（あさ出版）を読み、神棚をお祀りすることを決意されたそうです。

　運送関係の会社ですから、交通安全とかのお札（本当はお寺の護摩札だったのですが）などがあるにはあったのですが、それまではお祀りされていた訳ではありませんでした。

　しかし、神棚を祀ることを決め、家庭用のお札や、お寺のお札、神社のお札などを整理整頓。会社には、会社がいただいた交通安全、事業繁栄のお札を神棚に納めました。そして、朝礼の中で、社長の「安全祈願」という発声の下、社長、社員一同が二礼二拍手一礼をするという儀式を導入しました。時間にすれば、たったの十五秒です。

　しかし、今までどんなことをやっても減らなかった交通事故が、神棚を祀り、朝礼の中で「安全祈願」の儀式を導入しはじめたことで、本当に減ったというのですから不思議です。

　これはなにも、神様のご加護があった、というだけの話ではありません。交通事故が減ったのは、この十五秒のお祈りの間に、社員一同、「交通安全」ということだけに意識を集中することができたからではないでしょうか。それまでの学習会やコーチングは、もちろん個々にとっては有意義な内容だったはずですが、それぞれの意識はバラバラでした。

たった十五秒でも、会社全員が、「安全祈願」に意識を集中すること。そして現実に運転をするわけではない、社長や事務職の人までもが、運転をする社員の交通安全を祈ってくれる。そんな愛念が、運転する社員の心の中に、自信を与えてくれた結果ではないでしょうか。

たった十五秒の神棚への拝礼が会社を変える。「株式会社物流サービス」は、ただいま業績伸張中です。

そして、「ある飲食店」というのは、新宿を中心に「煮干しラーメン」の店舗展開をしている、「株式会社凪スピリッツ」というお店です。

こちらの生田智志社長は、本社、工場、ほぼ全店舗に神棚を導入されました。本社、工場といった、お店の顔ではない部分に神棚を祀る事は、社長個人の思いで可能でしょう。しかし、人種のるつぼ、まさに多様な階層が行き来する新宿の店舗に神棚を祀ることは、とても勇気のいることだったのではないでしょうか。

そのあたりの事情を、生田社長は以下のように語ってくれました。

私は仕事柄、日本国中のラーメンを食べ歩きをしています。その中で、ここのラーメンは普通じゃない、と思えるくらい特色のある店には、不思議と神棚が祀られているんですね。それも、ちょっと店の片隅にお札を置いているっていう程度ではなく、こちらがびっくりして、なんだこれは、って思うほど、ドデカイ神棚があるんですね。それも、ちゃんとお供えもたくさんあって、生きている神棚だと感じたんです。

その頃から、いつか神棚をちゃんとお祀りできるような会社になりたい、と思っていました。

今までは、開店と同時に、凪だるまと明治神宮のお札を置いていたんです。もちろん、だるまは「これからやるぞ」「七転八起」だという思いで飾っていたし、明治神宮が最寄りの神社で、創業以来正月には社員一同で参拝してきたことが縁で、お札も置いていました。ただそれは、お守りのようにそこに置いているだけでした。

ちゃんとするためには、まず神棚がないとダメだと思って、神棚を求めました。各店舗に立派な神棚を祀りたいのですが、小さな店舗だと、本当に小さなものしか置けない所もあります。でも、創業店であるゴールデン街店では、創業の感謝と、この店舗があってここまで事業が伸展したことへの感謝の念を込めて、できる限り大きな神棚を祀っています。

何事も、普通ではだめだ、異常とさえいえる特色が事業に不可欠である、というのが私の信条です。私どもの店は、欧米人のお客様も多いのですが、お店に神棚がある、という事で、安心感みたいなものが与えられるのではないですかね。

そして最後の「あるＩＴ関連会社」というのが、インターネットの製作、運用、コンサル業を行っている「株式会社ミスターフュージョン」です。こちらの石嶋洋平社長の神棚導入の話も、素晴しい見識が伺えるので紹介しておきます。

インターネットビジネスと神棚というと、相容れないもののように思えますが、この会社では、五十人以上の若者が、自分のパソコンにむかって仕事をしているフロアーに、間口（長さ）一メートル三十センチ、奥行き（幅）四十センチもある大きな神棚を設置しています。

石嶋洋平社長は神棚について、こう話してくれました。

神棚を祀ることに、社員からの抵抗はありませんでしたね。私たち、ミスターフュージョンの経営指導をしていただいている「株式会社武蔵野」の小山昇社長が、大きな神棚を祀っているので、それを素直にマネしました。

私どもの会社は、文字通り、英語混りのカタカナ社名で、なにをやっている会社だか、一見判りませんよね。しかし、神棚を会社の中心的な場所に祀ったことで、社内の人間にも、お客様にも、「あれ、この会社はなにか違うぞ」という、いい意味での違和感を与えていると思います。

きっとお客様も、今までは弊社を、ネットバブルの時代に、雨後のたけのこのように出てきた会社の一つくらいの認識しかされていなかったと思います。しかし、神棚、しかも、こんな大きな神棚があるなんて、ここの社長は考え方に芯があるんじゃないかと、ある意味でのインパクトや錯覚を与えることができたと思うんです。

なので、神棚を祀って大正解でした。まだまだ、全社員が心から感謝と祈りを、というレベルには達してませんが、効果はある気がします。

私は二〇一二年に、『なぜ儲かる会社には神棚があるのか』（あさ出版）という本を出版しました。その本の中でも述べたことなのですが、ある信用調査会社の社員の報告によって、倒産した企業の八十五％には神棚が「ない」という結果が出ています。

なお、ここでいう神棚とは、棚板の上に宮形を乗せて、お榊を飾り、水、塩、米、酒などお供えなどがされているもののことを指します。ロッカーや書類棚の上にお札を置いているだけのものは、神棚とはカウントしていません。

また、いくら神棚があっても、手入れもされておらず、埃が積もったような状態であれば、それは神棚があっても倒産する十五％の会社です。

どうして神棚をお祀りしている会社が成功するのか。その理由は、先ほどのエピソードや社長さんたちの話からも、なんとなく想像できると思います。


そもそも、なぜ私が「神棚と倒産」の関係に思い至ったのかというと、それは、ある金融機関の融資担当課長から聞いた話がきっかけでした。

金融機関は、会社にお金を貸す際、三期分の決算書を直近の試算表など、会社を数字によって判断する諸々の資料に基づいて、金融機関独自の査定をします。しかし、その一方で、数字には現れない会社の本質を見抜くため、次のようなことをチェックしていると教わりました。

まずチェックするのが、「社名」です。

名は体を表すという言葉の通り、社名にきちんと意味や理念が込められていること。できれば、カタカナよりも意味が明確な漢字で表記されていて、その職種が、たとえば「○○製作所」とか「△△貿易」というように明確にされていること。

たとえば、会社名がカタカナで、しかも意味不明の外来語の複合でつくられたものであるならば、プラス評価はしないそうです。

社名は、社長が会社の理念、意味づけ、将来を考えて名づけるものですから、重要な判断基準になるのです。

企業は時代の変化に合わせて、その形態を変えていかなければなりません。しかし単なる思いつきのような名称変更のカタカナ化や、響きのよさだけでつけたカタカナ造語の名前の会社に対しては、銀行の見る目は冷たいのです。

そして次に会社を判断するポイントは、「社訓や創業者の写真が、社内に飾られているか」です。ここで言う「社訓」というのは、その場限りの短期的な目標のことではありません。また、ミッションとか企業理念とも少し違います。言うなれば、もっと泥くさく、家訓めいたものです。

もちろんただ飾られているだけでなく、社長、社員や工場職員が、それを唱和したり、朝礼の一部、業務の一つとして社訓を意識していることも重要です。

さらに、創業時の店構えや創業者の写真なども、単なる思い出ではありません。それは、会社の発足当時の思いや精神を受け継ぐためのものです。

中小零細企業の創業者と当代社長の関係の多くは血縁です。特に、親と子や祖父と孫という関係が多いでしょう。現在の社長たちは、創業者である祖父や父の顔を見ながら、自分の代で会社をつぶしてはならない、と覚悟するのです。

歴史があり、伝統を重んずる会社には、ちょっとやそっとのことで会社をつぶしては、創業者やご先祖様に申し訳ないという思いがあります。社訓や創業者の写真を飾って意識している会社からは、経営者のそういう心理をうかがうことができるのです。

そして、もう一つ、会社を判断する時にチェックする重要な場所——それこそが、「神棚」だったのです。

その融資担当者は、私に以下のように神棚の重要性を説いてくれました。

会社に神棚があるかどうかは、重要なチェックポイントですね。しかし神棚があるだけでは十分ではなく、そこにあるお榊が、いつも青々としていることと、神棚の清掃が行き届いていることが重要です。

一般的に、神棚のお祀り、お供えの水やお榊の水の取り替え、清掃などは、昔的にいえば、一家の家長の仕事――家庭なら父親、つまり、お店や会社なら、主人や社長の仕事です。朝寝坊の社長が、神棚の水を取り替えることはできません。神棚がいつも清々しい状態であるということは、社長が毎日、神棚の水を取り替えたり、掃き掃除をしたりしていることの証しです。

もちろん、私たちのような金融機関の人間が、実際にそんな姿を見ている訳はありませんよ。でも、そんな社長の姿を想像することはできます。早朝、お榊の水を取り替えて、一心に会社の発展や安全祈願をする経営者と、いつも午前様で「重役出勤」をしている社長。金融機関が、どちらに融資を考えるかは、言うまでもありません。

たとえば、ある日会社訪問をしたら、いつも青々としているお榊が、枯れていたとします。すると、会社になにかあったんだろうか？　社長になにかあったんだろうか？　と考えることができます。

つまり、神棚を見るのは、日々の定点チェックなのです。

神棚を祀る意義は、他にもあります。神棚を祀っている会社は、地域に根差した会社という見方ができます。なぜかというと、地域の神社（氏神《うじがみ》、産土神《うぶすながみ》と呼ばれる）のお札を祀っているはずです。

地域の神社のお札を神棚に祀っているということは、その会社は神社からすると氏子になりますから、お札を届けに来たり、お祭りの寄付を頼まれたり、いろいろと地域につながってくるわけです。会社なんだけれども、町内会に入ってください、みたいな地域のつき合い、関係ができてくることが多いんですよ。

会社が地域に根付くと、地域の目が気になって悪いことができなくなるんですね。社員の態度、風体、車輌の駐車の仕方、会社の業績までぜんぶ見られている。だから、きちんとしようと、地域の人々の目を通して考えるようになるんですね。

私自身は、まったくの無神論者です。しかし、神棚を祀る経営者は、見えないものを信ずる、信じようとする力がある人だと思います。見えないものを見ようとすること、聞こえないものを聞こうとすることは、経営者にとっては大切なことですよ。

成功する経営者は、未来という見えないものを見る力があります。神様を信じることと未来を信じることは、どこか共通点があると思いますね。

この話を聞いた時、金融機関の融資担当者が、神棚の有無を通して、ここまで経営者の資質や環境を読み取っていたことに、私はたいへん驚きました。また、単に神様を信じる信じないといった感覚的なものではなく、とても理にかなった考え方だと感じました。

そしてそれ以来、私も「神棚」と「会社」の関わりについて、深く考えるようになったのです。

さて、ここまで、老舗企業は「良い社名」の元に、三種の神器として、「社訓」「創業者の写真」「神棚」を持つべきだと述べてきました。

ただし、間違ってはいけません。老舗企業というのは、成功した会社とか莫大な利益をあげる会社という意味ではありません。老舗企業とは、「つぶれない会社」という意味です。一時の成功、一時の繁栄ではなく、時代の変遷を越えて、長く存在できる会社です。

会社の経営者にとっての課題は、時代の変化への対応です。この変化への対応を超越する、またその変化への対応をいとわない会社こそ、つぶれない会社であり、そのような会社を象徴するものこそが、三種の神器「社訓」「創業者の写真」「神棚」なのです。

よく、神棚を祀らない理由として、このように述べる方がいます。

「我が社のお客様の中には、いろいろな考えの方がいますからねぇ。中には、神棚を心良く思われない方もいるでしょうし、御神札を置くくらいはいいけど、神棚までは祀れないなあ」

しかし、本当にそうでしょうか。

たとえば、それが仏壇であれば、会社に置かれていることに違和感を覚える人は多いと思います。

仏壇は本来、お釈迦様や阿弥陀様などの仏様をお祀りするものですが、やはり先祖のお位牌をお祀りする場所、という認識が強いです。仏様と対座するというより、ご先祖様と対話する場所、と考えている人の方が多いのではないでしょうか。

なので、社長が「今日から会社に仏壇を置いて、朝礼で拝むぞ」と言い出したら、なにかおかしいと感じる人は多いでしょう。

しかし、神棚は違います。

神棚を祀るというのは、確かに神道という世界観の中の行為ですが、決して宗教行為ではありません。なぜなら、神道というもの自体が、創立者も戒律も聖典も持たない、いわば、心の生活習慣、行動様式、思考様式だからです。

神道において日本人が神様と呼んでいるのは、特定の神様ではないのです。

つまり、神棚は神様という人智を越えた、ある種「公」の存在、仏壇はご先祖様という「私」の存在をお祀りしているのです。

神棚も仏壇も、目に見えない存在と対話する場所という意味では似通ったものです。しかし、会社にあって「事業繁栄」「交通安全」といった公的なことを願い、すべての人々が拝むことができるのは、やはり神棚なのです。


少し話がそれましたが、これらの話は、個人で神棚をお祀りしようと考えている人にも、無関係ではありません。

先の物語の中でも少し触れたように、日本人の生活様式が変わってきている現代ですが、日本人の心には、神様に対する特別な思いが根付いているはずです。

現代においても、神棚には、まだまだたくさんの意味や可能性がある。私はそう考えています。

第三章

神棚を住まいに置く

「神棚が良いものだってことはよく分かりましたけど、私、一人暮らしなんです。会社とか実家ならまだしも、一人暮らしの家に神棚を置くって、難しくないですかね？」

住まいは賃貸だから、勝手に壁になにかをとりつけたりはできないし、そもそも神棚なんて立派なものを飾る場所もない。方角とかもあるだろうし、狭いアパートの一室に、ちゃんと神棚をお祀りできるとは思えない。

でも、おじさんはあっさりと答えた。

「そんなことはありませんよ。大きな神棚でなければいけない、ということはありませんし、自分の目線よりも高いところに置いてあれば、必ずしも棚を吊る必要はありません。たとえば、本棚やタンスの上や、冷蔵庫の上に置くのもいいでしょう」

「えっ？　冷蔵庫の上？　いいんですか？」

「もちろん、清潔に保つために、油汚れなどには注意し、丁寧に掃除はしなければなりませんが、冷蔵庫の上に神棚を置くこと自体に問題はありません」

「でも、冷蔵庫の上に神棚って、あんまり聞かないですよね」

「確かにあまりない例かもしれませんが、食べ物は命をつなぐものですからね。いけないということもないでしょう。それに、かつては台所、つまりキッチンに、荒《こう》神様《じんさま》と呼ばれる、火災などを防ぐ火防の神様が祀られていることが多かったんです。でも、最近は台所にも神棚が見られなくなっていますからね。そういう意味では、冷蔵庫の上に神棚を置くというのは案外良いことに思えます」

「……そっか。あんまり難しく考えなくていいんですね」

「ええ。もちろん、可能であるなら、作法に則ってお祀りするのが好ましいです。ただ、それが遵守できないから神棚そのものを祀らない、というよりは、たとえ下駄箱の上であっても、敬意を持ってお祀りする方が良い、と私は考えています」

「なるほど……」

「ただし大切なのは、どこに置くにしても、お札やお宮を直接その場には置かずに、棚板を置いて、その場所を清めることですね。いわば、棚板を使って、そこに聖域を作るわけです。意外かもしれませんが、棚板は、神棚においてとても重要なものなんですよ」

「そうなんですか。私はてっきり、宮形？　っていう、神社みたいな部分が一番大事なんだと思ってました」

「もちろん宮形は重要ですし、神様の分霊ともいえるお札こそが最も大切だともいえるでしょう。ですが、私は個人的に、棚板こそ、神棚の本質的な意味を持った部分だと考えています」

「どうしてですか？」

私が尋ねると、おじさんは逆に私に問いかけた。

「神社の周りには、なにがありますか？」

「え？　神社の周り？　えーっと……、木とか？」

まさかそんな間抜けな回答を求めているわけじゃないだろうな、とは思いつつそう言うと、意外にもおじさんは「その通りです」とうなずいた。

「神棚は、木でできています。それは、神社や神様にとって、自然、つまり木がとても重要な意味を持つからです」

「そういえば神社とか神棚って、木のイメージはありますけど……」

「神社の周りには、鎮守《ちんじゅ》の森と呼ばれる、日本において神社に付随して参道や拝所を囲むように維持されている森があります。この鎮守の森は、神様がお鎮りになる社のある空間なんですね。一見、神社という社が重要で、鎮守の森はただの背景だと思われるかもしれませんが、そもそも、神社という建物ができるまでは、神様は特定の場所にお鎮りになっているのではなく、木や岩や、特殊な自然物を依り代として降臨されていたのです。今でも鎮守の森があるのは、その名残のようなもので、神社ではなく、その周りの鎮守の森にこそ、神社はお鎮りになっているのではないでしょうか。だから、神様を数える時、一柱《ひとはしら》、二柱《ふたはしら》と言うのかもしれませんね」

「なるほど」

と言ってみたけど、そもそも神様の数え方なんて知らなかった。私の小さな知ったかぶりがバレているのか、いないのか。おじさんは、にっこり笑って言った。

「少し話がそれましたが、つまり、壁に取り付けなければとか、最も良い方角にお祀りしなければとか、そういった部分にこだわりすぎなくても、きちんと棚板でその場を清めれば良いということです」

でも、場所の問題はそれでクリアしたとして、他にも気になることがある。

「もし神棚を作って、お札を置いたとして、あとはどうすればいいんでしょうか。毎日手を合わせるだけじゃないですよね？」

「そうですね。日々、お供えをすることは大切です」

そう、問題はそこだ。それが一番ハードルが高い。

「だって、お供えするものって、たとえば水にしたって、神社とかで汲んできた水じゃなきゃいけないいですよね。さすがに普通の水道水ってわけには」

「構いませんよ」

「え⁉　そうなんですか⁉」

「ええ。特にどういった水でなければならない、という決まりはありませんよ。もちろん、雨水や汚れた水ではいけませんが、普通の水道水であればなにも問題ありません」

「そうなんですか。てっきり、細かい決まり事があるんだと思ってました」

そう言われると、そこまで費用や手間がかかるわけでもなさそうだし、私でもできるような気がしてきた。

「でも私、日記つけたりするのも続かないタイプなんですけど……」

いくら簡単なことと言っても、毎朝欠かさず水を取り替えたり、お祈りをしたり、私にできるのだろうか。

「大丈夫ですよ。確かに神棚は小さな神社のようなものですから、水や塩を取り替えたり、榊が青々としているか確認したり、そういった習慣をいつも欠かさずに行うのは素晴らしいことです。しかし、一日たりとも怠ってはいけない、と自分を縛る必要はありません。人間ですから、時には忘れてしまったり、三日坊主になってしまうこともありますよね。それでも、神様に向かい、感謝や祈りを捧げる場として神棚を自宅に設けることは、大切なことです」

たまに忘れてしまっても、大丈夫。

そう言ってもらえて、少し安心した。

「そうだ。神棚って、どこで買ったらいいんですか？」

私がそう尋ねると、おじさんは、「興味が出てきたようですね」と微笑む。

「神棚はホームセンターでも扱っていますよ。とはいえ、そういった場所では、お宮しか販売されていないということもありますので、できれば、神仏具の専門店などに行かれるといいでしょう。あとは、意外かもしれませんが、木材屋さんも棚板のある神棚セットを在庫で持っている場合がありますね」

「うーん。専門店とか木材店は、私くらいの年齢の女性が一人で入るのは、ちょっと勇気がいるかなぁ……」

「そうか、若い方にとってはそうですよね。現代であれば、ネット店というのも大きな選択肢になりますよ」

ネットでも注文できるのか。それなら手っ取り早いかも。

「でも、神棚をネットで買うって、なんか罰当たりな気も……」

「もちろん、そういう考え方をする人もいらっしゃいますね。ただ、現代は残念ながら神棚を買いにいけるお店が少ないということもありますし、たとえインターネット販売であっても、きちんとした信条やポシリーを持って神棚を扱っているお店なら、良いのではないでしょうか」

「なるほど。神棚っていうと、てっきりもっと難しいものだと思ってました。思ってたより、堅苦しいものじゃないんですね」

神棚の起源

神棚の起源は、『古事記』の中に記されています。そう言うと、古文の授業が始まるようで、うんざりするかもしれませんが、少しばかりお付き合い下さい。

『古事記』には、以下のようなことが記されています。


イザナギ大神が、三貴子（天照大御神《あまてらすおおみかみ》、月読命《つくよみのみこと》、素戔嗚尊《すさのおのみこと》）の誕生をよろこび、天照大御神には、ご自分の「御頸珠《みくびたま》」を授け、高天原を統治せよとお命じになった。また天照大御神が、その「御頸珠」を「御倉板挙之神《みくらたなのかみ》」と名付けた事に由来する。


と、言われてもなんのことかよく分かりませんよね。

とても簡単に言うと、お父さんから「御頸珠」という首飾りをもらった天照大御神が、その首飾りを、御倉の棚板の上に挙げてお祀りした、ということです。

神様が宝物を祀る、というのは、私たち人間の感覚ではいまいち分かりにくいかもしれませんが、この、「棚に宝物を挙げる行為」が、神棚の源流であると考えるならば、神棚をはじめてお祀りしたのは、天照大御神ということになります。なんと、神棚という型を考え、最初に実践されたのは、天照大御神様なのです。

しかし今、神棚の中でお祀りされているのは、天照大御神の御神札。そう考えると不思議ですね。

『古事記』の話が出たところで、もう一つ、『日本書紀』に出てくる話もしておきましょう。

『日本書紀』には、八岐大蛇《やまたのおろち》を退治した素戔嗚尊《すさのおのみこと》の話が記されています。

八岐大蛇を退治した後、素戔嗚尊が、顔の髭《ひげ》を抜いてまくと、それが杉の木になりました。同じように、胸毛をぬいてまくと檜《ひのき》、尻の毛をぬいてまくと槙《まき》、眉をぬいてまくと樟《くすのき》になりました。

そして素戔嗚尊は、「杉と樟、この二つの木を浮宝《うきたから》とせよ。檜は瑞宮《みずのみや》をつくる材料とせよ。槙は青人草《あおひとぐさ》の奥津棄戸《おきつすたえ》の棺をつくる材料とせよ。また食料としても木の実をたくさんまいて植えよ」と教えています。

浮船は船。瑞宮は立派な建物。青人草は人民。奥津棄戸は墓所。

つまり、「杉と樟では船をつくりなさい。立派な建物には檜を使いなさい。また、棺《ひつぎ》は槙でつくりなさい」と、木の使い方を教えているわけです。

これらのエピソードは、単に木の用途を説いているわけではありません。木が、神の身体から生じたということ、つまり、神の身体の一部こそが木であるということも説いているのです。

神棚はなぜ木でできているのか。

その答えの一つが、ここにあるような気がします。

木は、自然の、神様の愛の結晶なのです。

神棚が、**「御神札＋お宮（宮形）＋神棚棚板」**から成り立っている、ということはすでに述べましたが、神社に、その型を表現してみましょう。

御神札は、ご祭神。宮形は文字通り、神社そのものです。では、お宮を乗せる棚板はなにかというと、先ほど物語パートでも少し出てきた通り、まさに鎮守の森です。鎮守の森と同じ意味を持つ棚板は、単なる一片の木の板ではありません。

その棚板の中には、宇宙が凝縮されているのです。そしてそれは、そもそも「木」という存在自体に、宇宙の力が凝縮されているからなのです。

ところで、かつての日本人にとって、最も身近な「木」は、家そのものでした。

かつては、「柱の傷は、おととしの、五月五日の背くらべ」という童謡「せいくらべ」の歌詞の通り、家の柱は木製で、兄弟が茶の間の柱で背くらべをしている様子は珍しいものではありませんでした。

また、家の廊下、台所の床など、昔はすべて木でできていました。「イヤなことに耐える、苦労する、下積みからはじめる」という意味の「雑巾がけ」という言葉がありますが、かつての日本人は、雑巾がけをすることで、木と対面していたのです。

もちろん、天井もすべて「木」でできていました。私も幼い頃、眠れない時は、天井板の様々な木目や節を見て、「あっ、あそこに眼がある」とか「あれは妖怪の顔だ」などと想像していたものです。

そのように、かつて住まいは木でできていたのです。

しかし現代では、住まいから木は失われつつあります。

「材木」とはなんのことか、ご存知でしょうか。今、この材木というものに出会うことはなかなか難しくなってきました。私たちの生活の中から、材木としての木はどんどん失われていっているのです。

材木とは、樹木をその用途に応じて建築用材（柱などの住宅の部材）や家具などの用材に製作した木のことをいいます。建築用材として使うには、樹齢三十年から五十年の木が適しているでしょう。

ちなみに、ふだん材木の値段を気にすることはあまりないと思いますが、三メートルで一〇・五センチ角の杉の柱の値段は、一五〇〇円です。

高いと感じるでしょうか、安いと感じるでしょうか。

この一五〇〇円というのは、苗木を植えてからの枝打ち、下草刈りといった様々なコストを含んだ原木の値段であることはもちろん、製品（木材）になって、私たちの身近な市場や木材問屋のところに届くまでの物流コストを含めての値段です。そう考えると、まるでタダみたいなものですよね。

しかし、この値段は、単なる流通価値の値段であって、本当の価値ではありません。

一五〇〇円を出して、杉の柱一本を買うことはできます。しかし、一五〇〇円というお金で、杉の木をつくることはできません。

一五〇〇円を払うのは、杉の柱を売っている材木屋ですが、このお金は、杉の木を産んだ本当の所有者には届いていません。

杉の柱のもとになった杉の木のオーナーとは、誰か？　それは「自然」であり、「神様」でもあるのです。

樹齢四十年の杉の木が生育するまでに、どれほどのコストがかかるか、考えてみるとよく分かります。

四十年の太陽の光を電気代に換算したら、いくらになるでしょうか。

杉の木が生育するために必要な二酸化炭素の量は、どれほどでしょうか。

そして、その四十年分の二酸化炭素を生産するのに、どれほどのコストがかかるのでしょうか。

地下から吸い上げる水を、水道代に換算すると、いくらになるでしょうか。

地下から吸い上げる養分を、肥料代に換算したらいくらになるのでしょうか。

しかし、「自然」はビタ一文、一円すらもお金を請求しません。

ただ与えるだけといって良いでしょう。それはまさに、神様の行為そのものです。

この「自然」が、与えてくれた価値を、お金に換算することはできません。流通価値はわずか一五〇〇〇円ですが、本当の自然の力、神様の愛情は「無限」なのです。

一片の板キレだと思うものにも、実は神様の愛情がつまっています。

なぜ、神棚の棚板が木でなければならないのか。もうお分かりかと思いますが、それはひとえに、神様というのが、自然と一体のものだからです。

木目が印刷されているだけのビニール製の板に、神様はお住まいになりません。本物の木だからこそ、神様がお住まいになる家になるのです。木が神様の身体の一部であるからこそ、尊いのです。

木は、私たち人間と同じ、生命なのです。

住まいから木が失われつつある今だからこそ、神棚は必要なのではないでしょうか。

第四章

お祀りする御神札

「私、結婚したいと思ってるんです」

私が突然そんなことを言うと、おじさんがきょとんとした顔になる。

「あ、いや、別にそういう予定があるわけじゃないんですけど、いつかご縁があればいいなぁと思ってて。だから、神棚にお祀りするのも、そういうご利益のありそうな神社でいただいた御神札の方がいいんでしょうか」

私の大真面目な顔が面白かったのか、おじさんは小さく笑って言った。

「いえいえ、そんなことはありませんよ。そういった有名神社に足を運ぶことも悪いことではありませんが、それよりは、あなたが今日いただいたその御神札、住んでいる土地の氏神様を大事にすることが大切です」

「よく知らずにいただいちゃった御神札なんですけど……やっぱりそういうのって、失礼というか、罰当たりなことでしょうか」

「そんなことはありませんよ。これから大切にお祀りすればいいんです」

「神棚には、この御神札だけお祀りすればいいんですか？」

「もちろん最初はそれで構いませんが、できれば三種お祀りするのが好ましいですね」

「三種？」

「はい。神棚にも、種類があって、大きさによってお札のお祀りの仕方が少し違うんです。神棚は大きく分けて、一社造、三社造の二種類があります」

「一社と、三社……」

「一社造の場合は、一般的に、手前から、天照皇大神宮神札、産土神社神札、崇敬《すうけい》神社神札の順にお祀りします。ただし、奥に最も尊い神様を、という意味で、真逆の順番でお祀りするという説もありますね。三社造の場合は、真ん中に天照皇大神宮神札、向かって右に産土神社神札、左に崇敬神社神札」

「は、はぁ……」

「一気にいろいろ言われても混乱しますよね。一つずつ説明しましょう」

そう言っておじさんは、三つの御神札について説明してくれた。

簡単にまとめると、どうやらこういうことらしい。

まず、御神札にもいくつかの種類がある。

一・天照大御神

皇室の御祖神であり、国家の最高神。日本人全員のご先祖。宇宙を照らす神様。

二・産土神社（氏神神社）

各家庭、各会社が所在する地域を統治する神様。氷川神社や熊野神社といった、多くの町にある神社がなることが多い。

三・崇敬神社

つながりのある神様、崇敬の対象としている神様。毎年、明治神宮、靖国神社に行くからそれらの神社の御神札を祀る、生まれ故郷の神社の御神札を祀る、商売繁盛を祈願して、商売の神様の御神札を祀るなど。

「御神札にもいろいろあるんですね」

「三つの御神札はそれぞれに大切ですが、私が特に大切だと思うのは――」

「もしかして、氏神様の産土神社じゃないですか？」

「よくお分かりですね」

「なんとなくそう思ったんです。さっきからのお話を聞いていたら、まずは自分にとって身近な神様を大事にするのがいいんじゃないかなって。だんだん、分かってきた気がします」

「素晴らしい。その通りです」

「と言っても、そもそも私が持ってる御神札は、今のところこの一枚だけなんですけど」

「最初はそれで構いませんよ。ですが、せっかくなので、他の御神札も手に入れてみてください」

しばらくおじさんと話し込んだ後、私は立ち上がって、おじさんに頭を下げた。

「今日はいろいろありがとうございました」

おじさんは「いえ、こちらこそ」と微笑む。

「これもなにかの縁ですし、もし興味があれば、ぜひ神棚をお祀りしてみてください。家の中に神様のお家があるというのは、なかなか良いものですよ」

御神札の祀り方

神棚には、御神札をお祀りするお部屋が三つある三社造と、一つの一社造があります。どちらも伊勢神宮の御神札である神宮大麻、住居・事業所のある土地をお護りいただいている氏神神社（産土神社）の御神札、あなたが敬っている崇敬神社の御神札をお祀りします。崇敬神社の御神札は複数でも構いません。

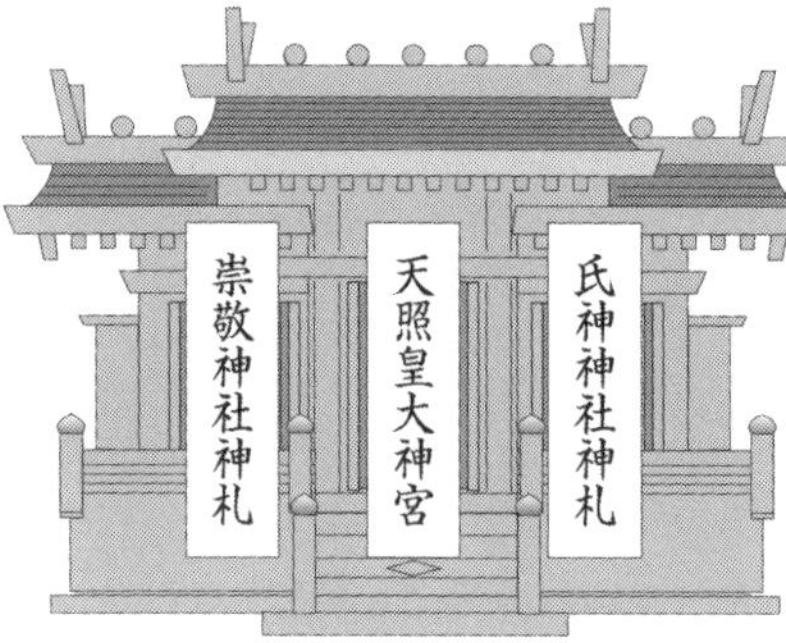

三社造の場合

中央に神宮大麻、向かって右に氏神神社の御神札、左側に崇敬神社の御神札をお祀りします。

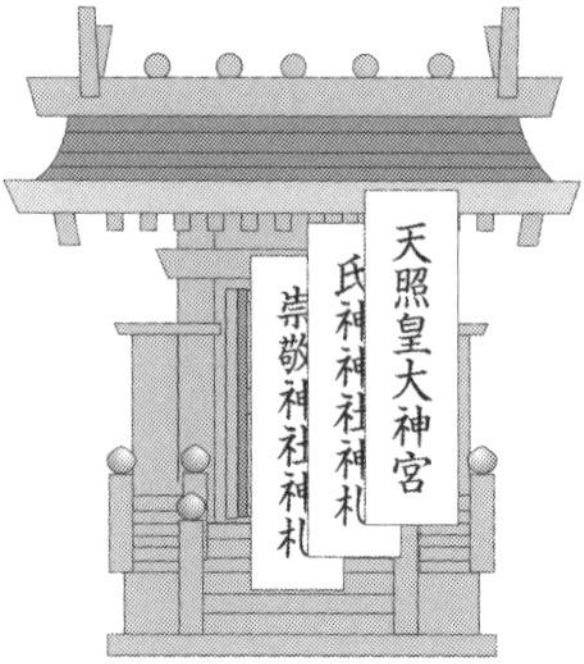

一社造の場合

一番前に神宮大麻、次に氏神神社、その後ろに崇敬神社の御神札をお祀りします。

三つの御神札

❶ 天照大御神

皇室のご先祖であり、国家の最高神。日本人全員のご先祖。単なる神話状の固有名詞を超えた、「宇宙を照らす大神」という意味がある。伊勢神宮に鎮座されており、どこの神社でも求めることができる。

❷ 産土神社（氏神神社）

各家庭、各会社が所在する地域を統治する神様。氷川神社や熊野神社といった、多くの町にある神社がなることが多い。天照大御神の御神札と共に、近くの神社で求めることができる。

❸ 崇敬神社

つながりのある神様、崇敬の対象としている神様。毎年、明治神宮、靖国神社に行くからそれらの神社の御神札を祀る、生まれ故郷の神社の御神札を祀る、商売繁盛を祈願して神様の御神札を祀るなど。明治神宮、靖国神社など、特定の神社で求めることができる。

神社の種類

ここで、私たちにとって、最も身近な神様にまつわる場所、「神社」について考えてみましょう。

地域社会との関係性がうすくなっている現代人にとって、神社とはどんな存在なのでしょうか。近所に神社があっても、まったくお参りしないという人もいるかもしれません。お祭りの時だけ屋台の明かりにつられて神社の境内に入る、なんて方もいるかもしれません。パワースポットには興味があって、旅行先で有名神社には行くけど、近所の神社には行かないな……なんて方もいるでしょう。

先日、初めて神棚をお祀りしようとしている人に、こんなことを質問されました。

「御神札は、どこで買えばいいんでしょうか。天照大御神ということは、やっぱり、伊勢まで行かないとダメでしょうか」

私が、「天照大御神の御神札は、別に伊勢神宮まで行かなくても求められますよ。あなたがお住まいのお近くの神社、あなたの現在の鎮守の神社、産土神社に行けば、その神社の御神札と共に天照大御神の御神札が求められますよ」とお話しすると、不思議そうな顔をされていました。

神社に行ったことがなかったり、家に神棚がなくて御神札を求めたことがなかったり、そもそもどんな御神札があるのか知らなかったり。そういう人も多いのだなと改めて実感させられました。

先の話にも出てきた天照大御神は、私たち日本人の総本家ともいうべき天皇家の神様です。文字通り天を照らす神様、つまり宇宙を照らす神様ですね。

そして、氏神は、自分の生まれた地域、あるいは現在お住まいの地域にある神社の神様です。最も身近で、最も大切にしたい神様ともいえるでしょう。厳密にいえば、氏神と産土神は同じものではなく、産土神社と氏神神社はイコールではないのですが、ここでは、ともに「大切にしたい身近な神様」という大きなくくりで考えておきましょう。

ところで、あなたはご自身の産土神社をご存知でしょうか。知らない、考えたこともない、という人も多いのではないでしょうか。

一言で産土神社といっても、その解釈はさまざまです。基本的には、生まれた場所の住所を管理している神社ということになりますが、「生まれた場所」というのも、「生まれた病院がある場所」、「生まれた時に住んでいた場所」、「お母さんのお腹にいた時に住んでいた場所」など、いろんな考え方ができます。

昔であれば、産婆さんが来て自宅で出産するのが主流だったので、お腹にいた頃も出産時も、その後の生活も、同じ場所でということで分かりやすかったのですが、現在は里帰りしての出産や、自宅から離れた病院での出産も珍しくないので、その定義は難しいところです。

厳密な決まりがあるわけではないので、最終的には本人の解釈次第ではありますが、基本的には、「あなたが生まれた時に両親が居住していた土地の守護神」と考えるのが分かりやすいでしょう。

産土神社には、子どもが生まれれば、初宮参りをし、七五三では子どもの健康な成長を感謝します。また、それだけではなく、結婚も、就職も、人生の節目節目は、この産土神社の神様と共にある、と私は考えています。

現代では、「信仰」というと、なにか特別な神仏を信仰することと考える方も多いかもしれません。しかし、以前は「菩提寺と氏神をお参りしていれば良い」という考え方が主流でした。

菩提寺とは、言うまでもなく、自分のご先祖様の菩提を弔うためのお寺、ご先祖様のお墓があるお寺です。

現在は、この菩提寺という感覚も希薄になっているのではないでしょうか。墓参りをするのは、お盆の時だけ、という方も多いでしょう。あるいは、お寺との付き合いがわずらわしい、といって、お寺と檀家の関係を解消して、墓地だけを公営霊園に設ける方もいるでしょう。

先祖の供養という意味をかろうじて残していたとしても、お寺との関係、先祖供養をしてくれる住職さんとの関係は、ますます薄くなっているのではないでしょうか。自分の亡くなった親、そして祖父母までは、認識することはできても、それ以前の「ご先祖様」とのご縁は切れてしまっているのではないでしょうか。

「菩提寺と氏神をお祀りしていれば大丈夫。信心は十分」というのが、かつての日本人の考え方の主流でした。それは「生命の流れ」「生命のバトンタッチ」を考えれば、妥当な考えだと思われます。

そうして神社のことを考えてみると、天照大御神に、「どうぞ○○さんと結婚させて下さい」とか「年収一千万円にして下さい」とかの祈願をしていたとしたら、それは少しおかしなことだと気付くのではないでしょうか。

天照大御神を大会社の社長に見立ててみれば、分かりやすいと思います。いきなり、直接、会社の社長に会って、なにか商品を買って下さい、と言えば、図々しいやつという評価を受ける可能性が高いですよね。まずは、その件案に合った担当の役員さんや部長さんなどにお話しし、それからその内容に合った部署に行く方が賢明でしょう。

神様の場合も、各々、得意分野をお持ちで、そのお働きによって、姿を変えられているのです。

だから私たちは、まずは氏神あるいは産土神社の神様と、おつなぎを持つことが大切なのです。神棚を祀り、天照大御神の御神札を求める際にも、わざわざ伊勢神宮で求めるのではなく、最寄りの神社でいただければいいのです。

自分の氏神あるいは産土神社を無視して、ご利益があるといわれる有名神社やパワースポットだけを巡って、いろいろな神社を参拝したとしても、どれほどのご利益があるのでしょうか。

「敬神崇祖《けいしんすうそ》」、ちょっと古い言い方ですが、「神を敬い、先祖を崇《あが》める」という意味です。身近な氏神、そしてご先祖様を敬うことがいかに大切か、よく分かる言葉です。

そして、もう一つの神社が、崇敬神社です。

崇敬神社とは、氏神、産土神社のように、地域的等の結びつきのある神社の神様への信仰ではなく、まさに「この神様が好きだ」「この神様を信仰している」「この神様とご縁がある」といった特別な思いのある神社のことです。

たとえば、有名なのは「明治神宮」、江戸の総鎮守の「神田明神」などです。あるいは、商売繁盛を心より祈念しているので「伏見稲荷大社」など、いろいろな場合があるでしょう。

しかし、崇敬神社としてお祀りされている中で、もっとお祀りされてよい神社の一つに、「靖国神社」や「護国神社」があると私は考えています。

ここで「靖国神社」について、お話ししたいと思います。

いきなりですが、島倉千代子さんという歌手をご存知でしょうか。「人生いろいろ」というヒット曲は、軽妙な歌い方とインパクトのある歌詞が印象的で、時の流行語にもなりました。二〇〇四年、小泉純一郎元首相が、「人生いろいろ、会社もいろいろ、社員もいろいろ」と国会で答弁したことを記憶されている方もいらっしゃるかもしれません。

島倉千代子さんには、他にも、「からたち日記」など、多くのヒット曲があります。その中でも、ひときわ人気を誇るのが、「東京だヨおっ母さん」。若い人には馴染みがないかもしれませんが、この曲は、昭和三十二年の発表時に一五〇万枚を売り上げています。

歌詞は、東京に一人住んでいる娘が、田舎からやってきた母親に、東京の名所を案内してあげるというもの。今風にいえば、観光スポット巡りの歌詞ともいった雰囲気ですが、実はその設定は極めて重く、哀しいものです。

昭和三十二年という時代は、終戦後十二年の年月を超えて、ようやく終戦後の混乱から安定と復興へという芽が出つつあるという時代ですが、戦争の傷跡は、まだ生々しく残っています。

この歌は、一番から三番まであるのですが、現在、二番が歌われることはほとんどありません。なので二番を知らない人も多いことでしょう。

二番の歌詞は、戦死した兄を、母と共に靖国神社にお詣りに行く、という内容です。短い歌詞ですが、込められたメッセージはぐっと胸に迫るものがあります。

この歌には後年、歌詞とは別に台詞が入るのですが、二番には、「兄はここに眠っている」という母への呼びかけと、「昔、登った柿の木もそのままになっている」という兄への呼びかけが、前後に入ります。

この歌は、「思い出の歌」「昭和の名曲」として、島倉千代子さん亡き後も、他の歌手によって歌い継がれています。しかし、テレビで歌われる時は、二番も、その前後の台詞が省略されてしまっています。

戦争のことやいわゆる靖国問題などに発展しかねないと、放送局側が自粛しているのでしょうか。

一五〇万枚のレコードが売れたこと、今なおこの歌を愛する人が多いことは、戦争で息子を亡くした母親という存在が、いかに多かったかを暗に物語っているのではないでしょうか。

「靖国で会おう」と言って死んでいった人たちも、この歌詞のように、田舎があり、母や妹、家族がいて、さまざまな思いや感情や背景を持っていたはずです。しかし彼らは、それについて語らず、ただ「靖国で会おう」と散っていったのです。

よく「御国のため」という言葉が使われます。それは、国家体制や時の政権を指す言葉ではありません。それは日本国の国土であり、一人一人の国民であり、自然であり、将来の日本人（先の戦争で亡くなった方から見れば、現在の私たち）を含めたすべてを、「御国」といったのでしょう。先人たちの努力と生命、そして尊い死の上に、戦後の繁栄がありました。
「結婚したい」とか「こういう仕事をしたい」とか「親孝行をしたい」とか、そういう思いをすべて封じて、将来の日本と世界の平和と人々の幸福を願って、「靖国で会おう」と、この世を去っていった方々。彼らを「英霊」と呼び、大切に思うこと、偲ぶことは自然なことではないでしょうか。

個人的な話になりますが、実のところ、私はいい年になるまで、靖国神社を参拝したことがありませんでした。いわゆる「靖国問題」などで左右の論争がうるさく、どこか政治的なイメージがつきまとっていたから、二の足を踏んでいたのです。ですが、ひとたび境内に入って参拝してみると、そこには清々しい気が流れ、桜の木々の間に、なにかを感じました。

あぁ、そうか。戦地で亡くなられた方々が、「靖国で会おう」という言葉通り、集まって来られているのだな――私はそう考えました。

ずいぶんと話がそれましたが、話を「崇敬神社」に戻しましょう。「崇敬」という言葉は、現代人にとって極めて分かりにくい言葉になってしまいました。正直なところ、私自身も、うまく「崇敬」というものを表現することができません。

ですが、「この神様こそ」という思いを、誰しも心のどこかに持っているのではないでしょうか。この神様こそ、私の神様。この神様こそ、私を救ってくれる神様。この神様こそ……という強い思い。それこそが、崇敬なのです。

先の歌のおっ母さんと妹にとって、靖国神社がそうであったように。

神社の年中行事

一月一日	歳旦祭	一年の始まりに国家の安泰と平穏を祈願します。
二月三日	節分祭	節分祭立春に先立ち、邪気を祓います。
二月十一日	紀元祭	日本の建国を祝うお祭りです。
二月十七日	祈年祭	その年の五穀豊穣を祈願します。
四月〜五月	春祭り	全国の神社で例祭が行われます。
六月三十日	夏越大祓《なごしのおおはらえ》	知らずに身に付いた半年間の罪・穢れを祓います。
九月〜十月	秋祭り	全国の神社で例祭が行われます。
十一月十日	七五三詣	三歳男女児、五歳男児、七歳女児の成長を祈願します。
十一月二十三日	新《にい》嘗《なめ》祭《さい》	その年の実りを神様に感謝します。
十二月三十一日	年越大祓	知らずに身に付いた半年間の罪・穢れを祓います。
毎日	日《にっ》供《く》祭《さい》	米・水・塩をお供えし、その日の無事を祈願します。
毎月一日・十五日	月《つき》次《なみ》祭《さい》	お榊・酒を替え、日々の暮らしの平穏を祈願します。

第五章

神棚を祀ってみた

おじさんと会った翌日から、早速、私は神棚を探し始めた。どうせ休日にたいしてやることもなかったたし、実際にお祀りするかはさておき、探すだけ探してみようと思い立ったのだ。

まずはネットで神具店を検索してみたのだけど、近場ではほとんどヒットしなかった。おじさんが、「最近はあまり見なくなった」と、どこかさみしげに言っていたけど、本当にそうらしい。材木屋も同じで、神棚を扱っていそうなところは見つけられなかった。

休日、ショッピングも兼ねてあちこち歩き回ってみたけど、結局、私の家に置けそうな神棚は、一つも見つけられないまま帰宅した。

神棚って意外と見つからないものだなぁ、とぼんやり考えて、ふと思いついた。

「……あ。そうだ」

私が初めて見た神棚がある場所——田舎のおばあちゃんの家に、久しぶりに電話をかけてみた。

「もしもし、おばあちゃん？」

「あらあら、久しぶり！　東京でも元気にやってるの？」

うれしそうに話すおばあちゃんと、しばらく近況報告や雑談をした後、本題に入る。

「ところでさ、おばあちゃん家に、神棚ってあったよね？」

「神棚？　あるけど、急にどうしたの」

「いや、ちょっとね。で、その神棚なんだけど、どこで買ったかって覚えてる？」

そう言うと、おばあちゃんが電話の向こうで、おじいちゃんに「おじいさん、うちの神棚って」と問いかける声が聞こえた。しばらくは「ん？」とか「なにがだ」と不思議そうなおじいちゃんの声と、「いや、だからね」と困ったようなおばあちゃんの声が聞こえていたけど、やがて受話器がおじいちゃんの手に渡ったらしい。

「おぅ、元気か」

「あ、おじいちゃん。うん、元気。それで、神棚なんだけど」

「あれはなぁ、この家を建ててもらった時に、大工さんがつけてくれたんだよ」

「つけてくれた？　自分で買ったとか、おじいちゃんが頼んだからじゃなくて？」

「あぁ、そうだ。昔はな、そういうのも珍しくなかったんだ。神棚ってのは、売り買いするもんじゃなくてな。家を建てた時に、大工さんが、施主さんのために、弥栄《いやさか》を祈って贈るものだったんだ」

「いやさか……ってなに？」

「簡単に言うと、繁栄とか幸福のことだな。自分が建てた、なんとかさんの家が、代々繁栄しますように、って、神棚をつけてくれたわけだ。材料を提供する材木屋さんも、同じように協力的だったしなぁ。いい時代だったなぁ」

しみじみ言うおじいちゃんの言葉に、「なるほどねぇ」と相づちを打った。

しばらくしゃべって、おじいちゃんとの電話を切った後、なんだか考えさせられた。

当時は神棚って、そんなに身近にあるものだったんだな。神棚がなくなった理由は、日本人の生活様式が洋風になったからだとか、お給料が銀行振込になって神棚に上げる習慣がなくなったからだとか、いろんな考え方があると思うけれど、結局のところ、今の日本人が神様に対する敬意みたいなものを失っているからなのかもしれない。

とはいえ、私が今から家を建てて神棚をつけてもらうわけにもいかない。おじさんも、「難しく考えすぎて神棚を置かないよりは、どういった形であれ、置いてお祈りする方がいい」と言っていたし、ここは現代の文明の利器に頼ることにしよう。

私はパソコンを立ち上げて、「神棚」で検索をかけた。ネット販売をしているいくつかの会社のホームページがヒットしたので、それぞれのサイトに書かれている内容をじっくり読み込む。結局、一番解説が分かりやすくて、神棚への考え方に共感できたところで購入することを決めた。

一口に神棚と言っても、いろいろな種類があってかなり迷ったけれど、とりあえず、棚板付きの二万円ほどのものを選んだ。中にはもっと安価なものもあったけれど、長く使うものだし、せっかくの機会なので、思い切ってそれなりに立派なものを選んだ。

注文から数日後、早速、神棚が家に届いた。

掃除しておいた部屋の真ん中で、早速、箱を開けて中身を取り出す。

まずなによりもぱっと目につくのは、宮形。一人暮らしの狭い家に置くということもあって、比較的小さめの一社造だ。ちなみに、後になって三社の宮形が必要になった場合、この一社の宮形も、そのまま神棚に置いていて構わないそうだ。もし古いお宮を処分する場合は、神社でお焚きあげしてもらうことになる。

そして、神鏡《しんきょう》。小さな丸い鏡だ。これがあるだけで、ぐっと神棚が荘厳なイメージになる。

次に、瀬戸物。もちろん、お供えをするためのもの。これにはいくつかの種類がある。

榊立《さかきたて》。お榊を立てるためのもの。左右一つに置くもの。

瓶子《へいじ》。お酒をお供えするためのもので、これも左右一対になっている。

水器《すいき》。水をお供えするためのもの。湯のみ茶碗でお供えしても問題はないらしいけど、きちんとした水器でお供えするとやはり気分がいい。下が丸みを帯びていて、上が円錐状に細くなっている、宝珠《ほうじゅ》のようなデザイン。

そして最後に、神棚にとって一番大事な部分でもある、棚板。これを置くことで、私の部屋の一角が、神聖な場所になる。

私は早速、本棚の一番上に神棚を置き、中に御神札を納めた。

神棚にお供えするものの基本は、まず「米」「塩」「水」の三点セット。中央に米、向かって右に塩、向かって左に水を、米、塩、水の順番でお供えする。

あと、榊が加わる。榊はお供えの両側に。

さらに余裕があれば、米の手前に酒を供えるとより良いんだとか。

酒と榊は、一日と十五日には新しくするといいそうだ。

お供えするものについては、あらかじめ、ネットや本で少し勉強しておいた。


〈榊〉


榊は、花屋やスーパー、ホームセンターなどに売られている。今は国産の榊はほとんどなく、中国などからの輸入品が大半だと言われているそうだ。榊が外国産というと、違和感を覚えるような気もするけど、特に問題はないとのこと。ただし鮮度が良くて青々としているものが良い。国産にこだわる人も意外と多い。

ちなみに、榊という名前の由来は、神様と人間の世界の「境の木」から転じたとか、「栄える木」から転じたとか、諸説あるものの、やはり日本人にとって、古来から植物が神様と深く関わりがあったことが伺える。

〈神鏡〉

神棚にお祀りする中で、ちょっと意外だったのが、この神鏡と呼ばれる鏡。なぜ鏡をお祀りするのかというと、神話が由来になっている。

天の岩戸開き、という神話がある。

ある時、すべてを照らす偉大な神様、天照大御神が、岩戸に閉じこもってしまった。このままでは、世界から光がなくなってしまう。

他の神々は、なんとか出てきてもらおうと、「新しい素晴らしい神様がお出ましになられた」と言いながら、喜んで笑い、踊った。すると天照大御神は、その素晴らしい神様とはどんな方だろうと、岩戸からそっと顔を出す。

そこで、外にいた神々は、顔を出した天照大御神の前に鏡を差し出した。天照大御神が、鏡に映し出された自分の姿を目にして、「素晴らしい神様がいらっしゃる」と思われている隙に、手力雄命《たぢからおのかみ》という怪力の神様によって岩戸が開き、宇宙に光が戻った。

自分の姿を見て自分が素晴らしい神様だと自覚した……なんて言うと、ナルシストの話みたいだけど、そうじゃない。

鏡に映し出されるのは、自分自身。自分自身が神様であるということを教えているのが、鏡なのだ。

また、鏡は、神様である本来の自分を映し出すと共に、現在の自分を映し出すものでもある。ちなみに、「カガミ」の三文字から「ガ」をとれば「カミ」になる。「ガ」つまり「我」ばかりを通して、自分さえ良ければ、という考え方になっていないか、日々鏡を見て自分自身を顧みることが大事なのかもしれない。

〈塩〉

現代でも、なにか清める時には塩をまいたりするけれど、神棚にも塩をお供えする。塩というのは、海の中で誕生したといわれる生物の子孫である私たちの体に、不可欠なものだ。

ちなみに、相撲の時に塩をまくのも、土俵という神聖な場所を清めるためのもの。

〈水〉

人間の体の六十％は水でできている。言わずもがな、水は生きていくのに欠かせない重要なエネルギー源だ。そして、植物が育つのに必要な水は、農耕民族だった日本人にとっては特に、神の恵みだった。その感謝を捧げるためにお供えする。

〈米〉

米は、日本人の伝統的な食生活に欠かせない食べ物。そして同時に、神聖な食べ物という意味がある。そもそも農耕民族であった日本人にとって、米はまさに大地からの恵みそのもの。日本人にとって、米は単なる食料ではなく、神様が宿った神聖な食べ物だったのだ。

〈御神酒《おみき》〉

お皿の他には、酒を入れる徳利が一対ある。神様に捧げるお酒、御神酒を入れるものだ。酒は、米から作られる。お正月のおとそもお酒の一種だけど、やはり邪気を払う効果がある。

水や塩、米と合わせて、できれば供えたい。

〈その他〉

果物やお菓子など、神様にお供えしたいものがあれば、自由にお供えしてもいいらしい。あまりに非常識なものでなければ、こういうものはお供えしてはいけない、という決まりもない。ただし、お供えする時には他のものと同じように、感謝と祈りを忘れないこと。

基本的に、米や塩、食品は、お供えが終わったら、「お下がり」という形でいただく。米などは普通に食事としていただけばいい。水や御神酒、塩は、家のまわりにまくとか、自然にかえすという意味で川に流していた時期もあったらしい。

こうして、無事に神棚のセッティングが終わった。
では早速、最初のお祈りをしよう。
私は神棚に向かって、背筋を伸ばす。

参拝の仕方は、基本的に神社と同じ。

二礼、二拍手、一礼。

二回お辞儀をして、手を二回叩いて、お祈りをして、最後にもう一度お辞儀。ちなみに、お辞儀、つまり「拝」の時には、背筋を伸ばして真っ直ぐ立ち、直角になるくらい、深く頭を下げる。

それから、場合によっては、神棚拝詞《かみだなはいし》や祓詞《はらえことば》と呼ばれる、マントラのような言葉を読み上げてもいいそうだ。ちなみにマントラというのは、サンスクリット語で「文字」や「言葉」を意味する言葉で、宗教的には「讃歌」とか「祭詞」とか「呪文」のこと。

覚えるのはなかなか難しそうだけど、これもいずれは習慣にしてみたい。

誰も見ていない部屋で一人、神棚に向かって手を合わせるのは、どこか気恥ずかしくもあったけれど、静かな部屋に響く拍手の音は、心地よくもあった。

今日から、神棚のある生活が始まる。

実際の神棚セット

神棚、宮形、瀬戸物７点、神鏡

神棚：幅500mm×奥行240mm×厚み30mm
宮形：幅270mm×高さ350mm×奥行75mm
高さ：柱の長さ（500mm）

神棚（棚板）

お宮や大切なものをお供えするための棚板。神棚において最も重要な部分。棚板のある場所は神聖な場所となる。

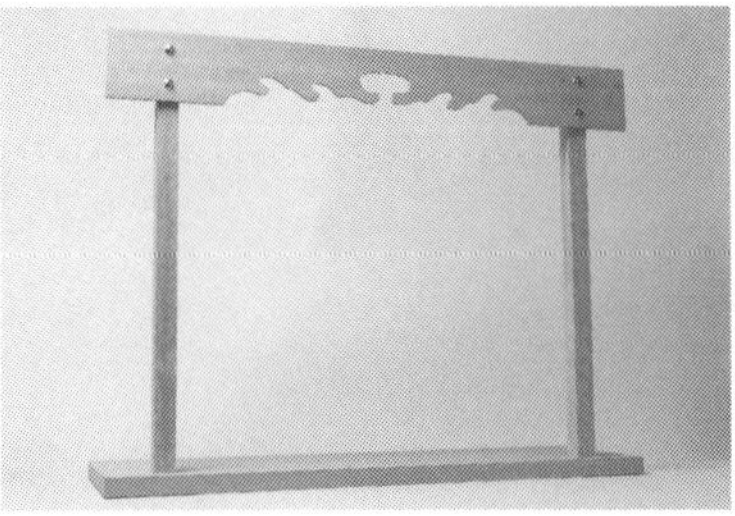

宮形（一社）

御神札をお納めするお宮。天照大御神の御神札をお納めしても、地元を司る産土神の御神札をお納めしても構わない。また、後に三社のお宮が必要になっても、一社のお宮はそのまま神棚に置いて問題ない。また、古いお宮は神社でお焚き上げしてもらう。

神鏡

神鏡は御神体として祀られることもあるもの。神鏡を置くことで、神棚がより荘厳で厳粛なものに感じられる。

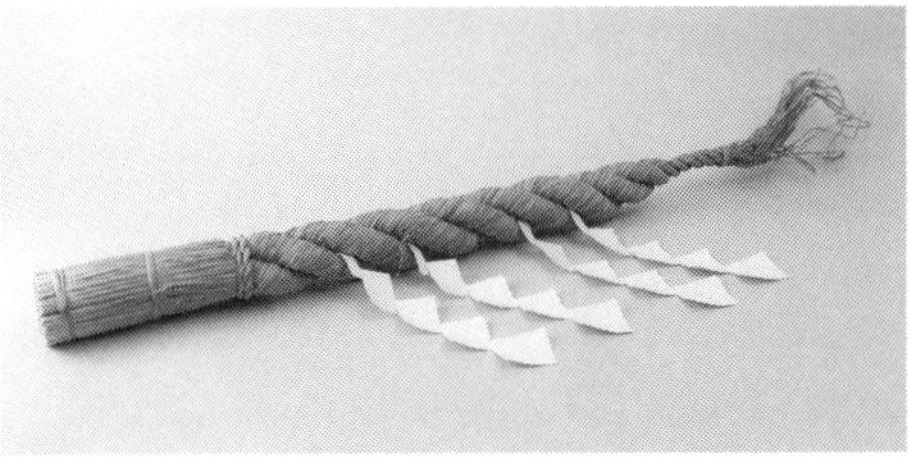

しめ縄

今回のセットには含まれないものの、神棚に付き物のしめ縄。そこが神聖な場所であることを示す。年末に取り替える。

瓶子

お酒は神事に欠かせないお供えもの。お酒を左右一対に盛ってお供えするためのものが瓶子。

榊立

榊立は神棚に左右一対で置き、そこに榊をお供えする。榊は、毎月一日と十五日に新しいものに取り替える。

水器

水器は神前に水をお供えするためのもの。湯飲み茶碗で供えることもあるものの、やはり神棚には水器でお供えしたい。宝珠の玉の上をみるような形の蓋がついているのが特徴。

生命《いのち》の宣言《のりごと》

さて、無事に神棚を置くことができたら、ついに日々の「お祈り」をしていくわけですが、「祈り」とは、神様に「お願い」をすることではありません。たとえば、「給料を上げてほしい」とか「恋人ができますように」とか、そういう自分のためだけのお願いをするのは、「祈り」ではありません。

祈りとは、生命《いのち》の宣言《のりごと》のことです。

しかしこれは、神社や神棚に「家内安全」や「商売繁盛」を祈ってはいけない、という意味ではありません。それらは、家族やお客さん、世の中のためになることです。そういった、単に自分が得をしたいという願いではない、真摯な願いであれば、神様は聞き入れてくれるでしょう。

神様はいわば、人間にとっての親のような存在です。親が子の幸せを願うように、神様は私たち人間の幸せを願い、お蔭を与えてくれています。また、人間の心からの願いは、かなえようとしてくれるものです。人間が自分の子どもに抱く、親心と同じです。

しかし、子どもが間違ったことをしたり、わがままなことを望んでいたら、どうでしょう。子どもにとって都合のいいだけの願いを、親は聞き入れません。

神様は親として、心を鬼にし、甘やかさずに正しい道を歩ませるに違いありません。

ここで、物語の中で少しだけ出てきた神棚拝詞と祓詞も、以下に紹介しておきましょう。

神棚拝詞

此《こ》の神床《かみどこ》に坐《ま》す　掛《か》けまくも畏《かしこ》き　天照大御神《あまてらすおおみかみ》　産土大神等《うぶすなのおおみかみたち》の大前《おおまえ》を　拝《おろが》み奉《まつ》りて　恐《かしこ》み恐《かしこ》みも白《もう》さく　大神等《おおみかみたち》の広《ひろ》き厚《あつ》き御恵《みめぐみ》を　辱《かたじけな》み奉《まつ》り　高《たか》き尊《とうと》き神《み》教《おしえ》のまにまに　直《なお》き正《ただ》しき　真心《まごころ》もちて　誠《まこと》の道《みち》に違《たが》ふことなく　負《お》ひ持《も》つ業《わざ》に　励《はげ》ましめ給《たま》ひ　家門高《いえかどたか》く　身健《みすこやか》に　世《よ》のため人《ひと》のために尽《つく》さしめ給《たま》へと
恐《かしこ》み恐《かしこ》みも白《もう》す

祓詞

掛《か》けまくも畏《かしこ》き　伊邪那岐大神《いざなぎのおおかみ》
筑紫《つくし》の日向《ひむか》の橘《たちばな》の小戸《おど》の阿波岐原《あわぎはら》に
御禊祓《みそぎはら》へ給《たま》ひし時《とき》に　生《な》り坐《ま》せる　祓戸《はらえど》の大神等《おおかみたち》
諸《もろもろ》の禍事罪穢《まがごとつみけがれ》　有《あ》らむをば
祓《はら》へ給《たま》ひ　清《きよ》め給《たま》へと　白《もう》す事《こと》を　聞食《きこしめ》せと
恐《かしこ》み恐《かしこ》みも白《もう》す

なんだか難しい呪文のようで、げんなりした方もいらっしゃるのではないでしょうか。もちろん、紙などを見て唱えても構いませんし、すべて理解して唱える必要はありません。あくまでマントラや宇宙語のようなものだと思って唱えれば良いのです。

第六章

神棚のある生活

神棚を家に置いたことで、なにかが大きく変わったかといえば、別にそういうわけじゃない。普通に会社に行ったり、普通に友達と遊んだり、普通にだらけたり。

ただ、朝ご飯を食べる余裕がないくらいバタバタしている時でも、神棚には一杯の水をお供えするようになった。もちろん、最初の頃は、正直めんどうだなと思ったり、うっかり忘れてしまうこともあったけれど、慣れてくると、神棚に向かわないでいる朝の方が、むしろ落ち着かなくなった。

二礼、二拍手、一礼。

ほんの十五秒ほどの時間が、一日のはじまりに、頭の中の悩みや鬱憤を、リセットしてくれる。特別ななにかが起こったわけじゃないけど、どこか清々しい気分になる。

会社へ向かう道も、前より少しだけ、晴れやかな気持ちで歩けるようになった。

そしてもう一つ、神棚をお祀りしてから、小さな変化があった。

なんとなく、友達や家族、会社の同僚に対して、前よりも自然に感謝できるようになった。

神棚は、感謝と祈りを捧げる場。おじさんからそう聞いていたから、毎朝、自然と「感謝」という言葉を意識しているお蔭かもしれない。

あの日、おじさんが、『びんぼう神様さま』（地湧社、著・高草洋子）という本を紹介してくれた。いわば、大人向けの寓話だ。

あるところに、松吉という百姓がいた。彼の家に、びんぼう神が住み着いた。おかげで松吉はだんだん貧乏になっていき、家族三人が布団一組を使わなければならない状態になってしまう。しかし松吉は、「おかげで家族が仲良く寝ることができる」と、神棚まで作って、びんぼう神を拝みはじめた。松吉は、どんなささいなことにも「ありがたい」と感謝できる人間だったのだ。これまで拝まれたことなどないびんぼう神は、どんどん居心地が悪くなっていく。

一方、長者どんという男の家には、立派な神棚があり、そこには福の神が住んでいる。福の神は、どんどん長者どんの願いを聞いて、彼の一家はどんどん豊かになっていった。しかし、長者どん一家の欲望には限りがなく、その強欲さに、福の神はだんだん嫌気がさす。

そしてついに、福の神は家出し、松吉の家に引っ越ししようとして……。

というのが、大まかなあらすじ。

もちろんこの話はフィクションではあるけど、案外、神様と人間の関係は、そういうものなのかもしれない。

先の寓話の中でも、足ることを知らず、欲望をエスカレートさせていく長者どんには、神様に対する感謝の心はなかった。どんなに立派な神棚を祀っていても、そこに敬いや感謝の心がなければ、やがて神棚の中は空っぽになるか、そこにびんぼう神が住み着く結果になる。逆に、松吉のように、当たり前のことに感謝できる人こそが、神様に好かれる人なのだろう。

貧乏、疫病、死。どれも、人間が恐れ、嫌うことだ。

でも、貧乏や病、死ぬことの中にさえ、神様がいる。

この物語は、貧乏神が感謝され、拝まれるうちに、立派な神様になっていく成長物語でもある。

そういえば、こんな話を聞いたことがある。

小学校に保護者から、「給食を食べる時にいただきますと言わせるのはおかしい」というクレームが入った。要するに、「うちは給食費を払っているのだから、そんなへりくだった言い方をする必要はない」というのだ。

これはいわゆるモンスターペアレントとして紹介されていた事例だと思うし、こんなクレームを言う人はごく少数だと思う。多くの人は、幼い頃から、普通に「いただきます」と口にするはずだ。

でもその中に、心から食材や作った人に感謝して「いただきます」と言っている人は、どれだけいるだろう。私含め、ただなんとなく習慣で口にしているだけという人も多いだろう。

それに、私だって、「こっちは客だ」とか「お金を払ってるんだから」とか思って、店員さんに横柄な態度をとったこともある。機嫌が悪くて、家族や友達に八つ当たりしたこともある。

感謝の心を忘れずにいることは、簡単なようでいて、とても難しい。

あの日、おじさんはこうも言っていた。

「私たちは日常のさまざまな場面で、「ありがとう」という言葉を使いますよね。『ありがたい』は、漢字で書くと『有り難い』。つまり、ごく普通なこと、当たり前だと思えることも、『有り難い』ことである、という意味なんです」


私はこれまで、漠然とではあるけれど、ご利益を与えてくれるから、神様に感謝したり、神様を敬うのものだと思っていた。でも、そうじゃない。日常の端々に、神様の「お蔭」はすでにたくさん存在する。

神様はすでに私たちに「当たり前の日常」を与えてくれている。

その「お蔭だらけの人生」に気付けた時、人は自然と神様——神棚に向かって、手を合わせるのかもしれない。

もちろん、神棚を置いたからなにかが変わるとか、うまくいく、というわけじゃないけれど、神棚に向かう朝の数秒は、せわしない日々に、確かな安らぎを与えてくれる。一日のはじまりに、感謝の心を持って、神棚を見上げる。

――今日も、私にとって、そしてすべての人にとって、良い一日になりますように。

そう祈りながら、私は、私の部屋にある特別な場所――神様のお家に、今日もそっと手を合わせた。

神棚の祀り方

神棚は、その字の通り御神札をお祀りする社だけでなく、棚やしめ縄などを取り付け、お供え物をして初めて「神棚」となります。人の目線よりも高いところに、南あるいは東向きに設置するのを良しとしますが、現在の住宅事情では、その限りではありません。マンションなどで上に人が住んでいる場合は、天上に「雲」または「天」の字を貼ると良いでしょう。

雲板

神棚よりも上の階に人が住んでいる場合に設けられる雲を象った板です。

しめ縄

神域と人が住む世界の境界を示すものです。しめ縄には、紙で折られた紙垂《しで》が付けられています。

お榊

神棚の左右にツバキ科の常緑樹を供えます。毎月一日、十五日には新しいお榊を供えましょう。

神鏡

御神札を納めた扉は閉め、中央に神鏡を置きます。

日々の作法

神棚には、基本的に米、塩、水をお供えします。お酒、お榊もなるべくお供えするようにしましょう。一日と十五日、記念日やお礼や祈願をする際には、特別なものをお供えしましょう。

米、塩、水は毎朝の日供祭《にっくさい》、酒とお榊は一日と十五日の月次祭《つきなみさい》で新しくお供えしましょう。

米、塩、水の場合

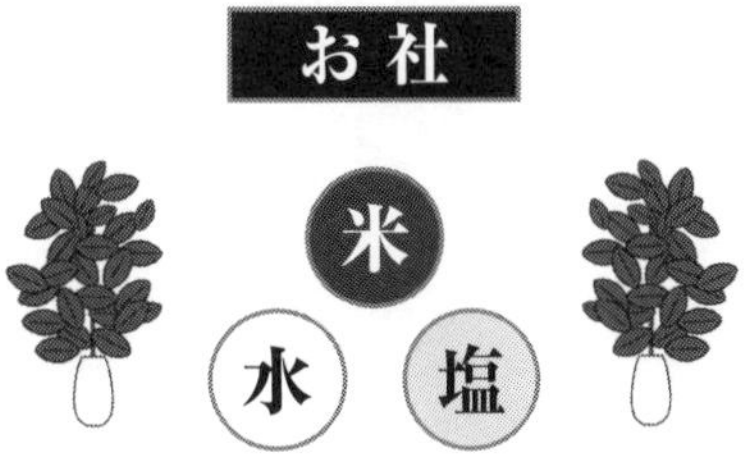

中央奥に米、向かって右に塩、向かって左に水をお供えする。お供えする順番は、米、塩、水の順番。

米、塩、水、酒の場合

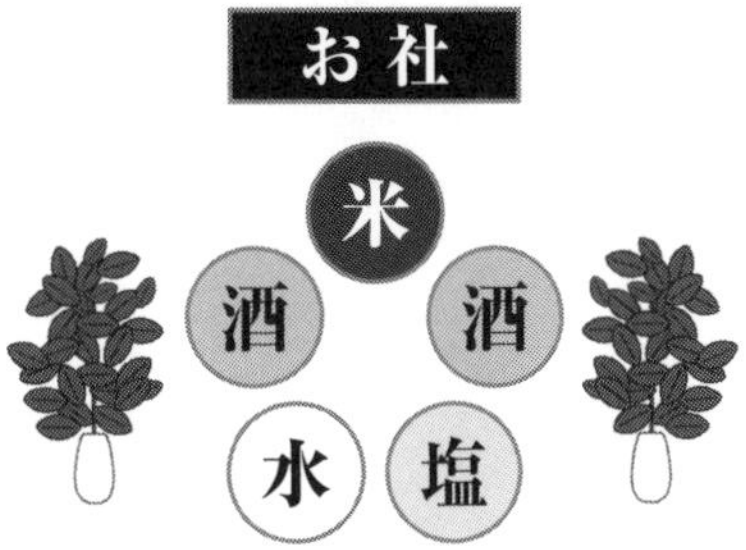

中央奥に米、二列目に酒、手前向かって右に塩、向かって左に水をお供えする。お供えする順番は、米、酒、塩、水の順番。

感謝と祈り

神様は、「無言のお客様」です。

たとえば、ふらりと立ち寄った飲食店が、味もサービスも最悪だったとして、あなたはわざわざ経営者を呼んで、それを指摘するでしょうか。もちろん中にはそういう方もいるでしょうし、誰かに愚痴を言ったり、ネットに最低評価のレビューを書き込んだりはするかもしれません。

しかし、多くのお客様は、なにも言わず、「もう二度と来ない」と心の中で決意し、無言で去っていきます。もし経営者が、「なにも言われていないから」とのんきにそのまま経営を続けたら、客足はどんどん遠退き、その店はつぶれてしまうでしょう。

無言であるということは、その存在を気にしなくていい、その相手のことを考えなくていい、というわけではないのです。

実は神様も、同じです。

たとえ言葉でやりとりをすることができなくても、その心を分かろうとしなければ、神様は去っていきます。

ある宗教家の言葉に、「大急ぎでお願いに来る人はいるが、大急ぎでお礼に来る人はいない」というのがあります。人間は神様にお願いばかりして、感謝、お礼に関しては無頓着だということでしょう。

同じ宗教家の教えに、「願わなくても、神はお蔭を与えている」という言葉もありますが、これもシンプルでいて、なかなか深い言葉ですね。

私たちは、特別な信仰をして、特別に祈願でもしなければ、神様からのご利益を得られないと考えがちです。しかし実は、神様は、お賽銭を多く出す人とか、よく拝みに来る人にのみ、ご利益を与えているのではなく、誰にでも平等に、まさに、天照すが如く、お蔭を与えているのです。

空気や太陽の光など、人間が生存するために必要なものは、すべて神様からすでに与えられているのです。

そしてなにより、私たちは生きている。つまり生命を与えられているのです。

いやいや、そんな当たり前のことを神様のお蔭と言うなんて、と思われるかもしれません。しかし、自分が今、生きているということが、どれほどの奇跡か、よく考えてみてください。

この生命の誕生、人間の出生ということについて、筑波大学名誉教授で、分子生物学の世界的権威の村上和雄先生は、「一億円の宝くじに、百万回連続で当たる以上のこと」とたとえられています。私たちがこの世に生まれたことは、まさに想像を絶する確率の、有り難い——ありがたいことではないでしょうか。

すでに与えられている、与えられ済みの「お蔭」に、気づけるかどうか。そして、そのことに感謝できるかどうか。それこそが、幸せに生きるためのポイントなのではないでしょうか。

自分の生命を、「一億円の宝くじを百万回連続で当てるような価値あるものなんだ」と考えるのと、「産んでほしいなんて言ってないのに、親が勝手に産んだんだ」と考えるのとでは、生命の価値に、ずいぶんと大きな差があるように思えます。

もちろん、人の考え方に、絶対的な「正解」はありません。それでも、心の中にどのような世界観を持つかで、その人の人生は変わってくるはずです。

自分の生命の価値を認め、そこに感謝しながら生きる方が、不平不満を抱いて生きるより、ずっと楽しく幸せな人生を歩めると、私は信じています。

私たちは現在、平和な時代に生きています。仕事があって、家族がいて、安全で。そんな生活が、当たり前のように存在します。

しかし、その当たり前は、ほんのちょっと歯車が狂えば、あり得ざることになっていくのです。

あの東日本大震災のことを思い返してみれば、誰しもそれに思い至るのではないでしょうか。あの地震がなければ、あの津波さえなければ、あの原発の事故さえなければ、あの場所にいなければ。さまざまな人が、あの日、あの一瞬にいろいろな思いを持っているはずです。

そんなたった一度の災害で、たった一つ歯車がずれただけで、これまで生きてきた前提が崩された人がたくさんいました。

たとえ災害ほどではなかったとしても、ほんのささやかなことが引き金になって、当り前の人生が変わって行く人は、たくさんいます。私たちはいつでもそのことを忘れず、感謝を持って生きることが大切なのです。

そして、この感謝というのが、神棚にとっても非常に大切な事柄です。

神棚は、あなたの家や会社の「小さな神社」であり、「神様のお家」です。しかし、そこにただ在るというだけでは不十分で、「祀る」という行為がなければ、神棚はただの飾りです。「ありがとうございます」という感謝と祈りを捧げて、初めてその意味を成すのです。ただお札があるだけ、神棚があるだけ、ではいけません。

神棚は、ただそこにあればなんでもうまくいく、という魔法の道具ではないのです。

これは、私が実際に体験した話です。

ある取り引き先の事務所で、その会社の社長の帰社を待っていました。何気なく事務所の中を見回すと、事務所の一角に、立派な神棚がありました。

「あぁ、この会社にも、神棚があったんだな」

と思いつつ、神棚に近づいて、驚きました。

なんと、榊はドライフラワー状態になって、お神酒を入れるとっくりのへいじには、埃がべったり溜まっていました。いつ清掃したのかも分からない状態です。

私はたまらず、通りかかった社員に尋ねました。

「おいおい、この神棚はいつ清掃したんだい?」

すると社員は、突き放すような言い方で答えました。

「先代の社長は毎朝、神棚を清めて拝んでいましたけど……、今の社長になってからは、ぜんぜんしていませんね」

私が「これじゃあ、この神棚は貧乏神の住処になってしまうぞ！」と言ってみても、特に気にしていない様子。

なんだか釈然としないまま、その会社のトイレを借りると、鼻をつまみたくなるような悪臭が漂っていました。便器もいつ掃除されたのか分からない、ひどい有様でした。

トイレには、便所、お手洗い、ＷＣなどと呼び名はたくさんありますが、以前は「ご不浄」という言葉も使われていました。大便や小便など、まさに汚物、浄ならざるものを出す所だから、「不浄」というのですが、その不浄なところ、浄ならざるものにも、丁寧に「ご」をつけて、大切にしたのですから、日本人の素晴しさが伺えます。

大便や小便は汚物であっても、それがなければ、いや、それを出せなければ私たちは死んでしまいます。また、それらを集める場所がなければ、あたりは汚物だらけになってしまいます。まさにあちこちが「不浄」の場所になってしまうわけです。「ご不浄」という場所が、大便、小便を一手に引き受けてくれるからこそ、他の場所が浄でいられるのです。

トイレに神様がいるという話はよく耳にしますが、この場所そのものが、「ご不浄」

という名の神様だと私には思えます。

便器や便所は、どんなに汚くされても、文句を言いません。しかし、便所にも神様がいて、黙々と大便や小便を受けるというおはたらきをされているとしたら、どうでしょうか。あまりにもそれを使う人間が身勝手な使い方をし、感謝も清掃もしなければ、その神様は黙って去っていってしまうのではないでしょうか。これも前述の、無言の神様、お客様と同じです。

家にせよ会社にせよお店にせよ、トイレが汚いところで、繁栄しているところはありません。たいへんなトイレの清掃は、確かに進んでやりたい仕事ではないかもしれませんが、そういう場所だからこそ、トイレをきれいに保つことは、その家や会社に幸運を授けてくれるのです。

尚、神棚やトイレを軽んじていたこの会社が、それから時を経ずに倒産したことは言うまでもありません。

もちろんこれは、個人で神棚をお祀りする場合でも同じことです。

「神は人の敬によりて威を増し、人は神の徳によりて運を添ふ」という言葉があります。神は人間の崇敬を受けて、その威光を増し、人間は神の恵みによって、生命を得て、運が開く、といった意味でしょう。

神様といえども、人の敬、つまり「祀られる」ことがなければ、その力は発揮されないのです。神様が神様である為には、人の敬が必要なのです。誤解を怖れずに言うならば、「人の敬」がなければ、御神札はただの紙であり、神棚はただの埃のついた木の板であり、宮形はただの箱です。人の敬、つまり「祀る」行為によって、神様は神様の力を発揮されるのです。

感謝と祈りを捧げる神棚には、神様がいます。

目には見えずとも、「祀る」ことが行われている神棚には、ちゃんと神様がいるのです。そういう場所は、神様のお家になっています。しかし、神棚の前で、不平不満をぶつぶつ言うばかりで、日々のお祀りが全然されていないようであれば、見た目がいくら立派でも、そんな神棚に神様は住めません。神様はどこかに引っ越してしまって、その神棚は「空き家」になってしまうでしょう。それればかりではありません。貧乏神や妖怪のような存在が住み続けてしまうかもしれません。

神様は人間の真心、敬を見ています。真心、敬のないところには、神様は住めません。逆に、感謝と祈り、真心と敬のある所であれば、神様は現われてくれるのです。

さて、全六章にわたる物語と解説は、これで終わりです。神棚をお祀りした主人公は、これからどんな毎日を過ごすのでしょうか。目に見える大きな変化はないかもしれません。しかし、感謝の心をもって毎日を過ごすことで、これまで見えなかった景色が見えてくるのではないでしょうか。

神棚のある暮らしとは、感謝のある暮らしです。あなたも自分の部屋に、神様のお家を作ってみませんか。

第六章　神棚のある生活

おわりに　心の中に神棚を

私は神道を専門的に学んだわけではなく、宗教家でも宗教学者でもありません。一介の材木問屋の経営者であり、神棚屋です。

しかし、前著『なぜ儲かる会社には神棚があるのか』を出版して以来、神社や企業、各種団体に向けて神棚の講演をする中で、神棚が深く深く私たち日本人の心情に根付いた存在であること、そしてそれらが今、失われつつあることに気付きました。当初抱いていた「神棚を買っていただきたい」という気持ちは、いつしか「神棚を祀っていただきたい」、さらに「神棚の良さをもっともっと多くの人々に共有してもらいたい」という気持ちへと変化していきました。

そのような思いの中で、「神棚」というよりも「神様のお家」という観点から、もう一度自分の考えをまとめて発信していこう、と本書を著した次第です。

また、雑誌『ＷＡＧＯ―和合―』創刊以来、多くの識者の方々と「生活の中に神棚を」というテーマで対談をさせていただきました。私自身、その対談の中で気付かされたことが非常に多かったため、本書の付録としてその一部を再構成し、掲載させていただきました。また、沼袋氷川神社の小俣宮司には、本書のために特別に対談を行っていただきました。

改めて、ありむら治子様、大鳥居信史様、神谷光徳様、小俣茂様、猿渡昌盛様、高山亭様、山谷えり子様、矢野幸士様、和田裕美様に、心より感謝申し上げます。

また、本書出版にあたり、従来の「神棚」認識を変えて表現するため、素晴らしいアイディアを下さった牧野出版の佐久間社長、編集の三浦さん、本当にありがとうございました。

この本を機に、多くの人々が「神様のお家」を、自分の家に、部屋に、そして心の中に、一つでも多く建てていただくことを、心より祈念致します。

神棚マイスター　窪寺伸浩

H28年4月22日　55才の誕生日を記念いたしました。

特別付録

もっと知りたい、神様の話

神棚についての私からの話は以上ですが、著者である私、窪寺は数年前、雑誌『WAGO―和合―』誌上で各界の方々と神棚にまつわる対談を行いました。

みなさん、それぞれに神社や神様、神棚についての素晴らしい見識をお持ちで、どの方のお話もとても勉強になりました。また、これらのお話は、読者の皆様が神棚について考える上での重要なヒントにもなると感じましたので、その中から特に興味深かった部分を抜粋、再構成してご紹介したいと思います。

政治家

ありむら治子《はるこ》

昭和四十五年、石川県生まれ。平成十三年、参議院議員比例代表（全国区）にて初当選（三〇歳）。平成二十五年、参議院議員三期目当選。文部科学大臣政務官、参議院環境委員長を歴任。平成二六〜二七年安倍内閣にて、女性活躍担当大臣・少子化対策担当大臣等を務める。

命のリレー

先祖に手を合わせたり、先祖との繋がりを感じたり、五感のひとつひとつで季節を感じるのが日本人です。その中でごく自然に先祖や土地、氏神様と繋がる。そういうことによって実は、私たちは心の安寧や平安を与えられているのです。

私たちはいわば、そういった「命のリレー」の延長線上で、その中間走者として、たすきをかけさせてもらっているのです。そのように思うと謙虚になるし、次の世代にも子々孫々に繋げていかなければならない、という時間軸もできます。

自分の命は自分のもの、というのが戦後教育でしょうけど、実はそうではなく、先祖から繋がってきた命。きっと御先祖様が困難を乗り越えてきたから、今、私に命がある。そういう風に感じられる情操教育、宗教教育が、生きる力を強くするのだと信じます。

私は神道政治連盟に所属させていただいているのですが、それはすごくありがたいことです。神道政治連盟は今から四十二年ほど前、神道界も鳥居を超えてもう一つの政《まつりごと》にもしっかりとものを言おうという経緯から結成されました。ただし、神社の利益を守るための団体ではありません。

神道政治連盟で神社界の方々とお付き合いさせていただいて、私が最もありがたいと感じていることの一つが「時間軸」です。神社の中では、タイムスパンが非常に永いのです。

政治の世界では、今週の支持率はどうだとか、来週の支持率を上げるためにはどうすれば良いかとか、なにかと支持率に振り回されます。しかし、十年、二十年、数十年、あるいは百年先にこのようになればいいと願い、そのために植樹をしたりするとか、そういうスパンが普通の暮らしの中にごく自然に入っている方々というのは、息づかいも違う。呼吸そのものが浅くない、深いのです。そういう悠久の時間の流れを暮らしの中に持っていらっしゃる方と仕事ができるのは、政治家としても、一人の人間としても、たいへんありがたいものなのです。

何年経っても幸せでいられるような行政、政治、政策であるのかということを常に考えないといけない。今、良いことだけではなく、三十年後もしっかりした親子の関係が築けるような政策なり、価値観というものを考えなければならないと思っています。

そして、もう一つ私なりに、政治家としても母親としても、家庭に必要なものとして付け加えるとしたら、それが神棚なのです。朝な夕な、家族が揃って神棚に向かってお参りをする家庭はなんとかなる、と私は思っているのです。

家族全員が揃って、神棚の前で数秒でもいい、自分たちが尊敬する対象に対して敬意と感謝を表明するのです。きちんとお辞儀をして二礼二拍手一礼、朝晩する。それだけで子どもたちは、多くのことを学ぶでしょう。

そういうことは、我々が背中を見せていくことでしか伝わらないんだな、と政治家としても思っています。政治家って結局、危機管理じゃないでしょうか。課題が持ち上がった時に、どうするか？　そういう意味では、国家の危機管理も、家の危機管理も通じるところはあります。


（2013年4月1日、7月1日発売『WAGO―和合―』7号、8号より）

神田神社宮司
大鳥居信史《おおとりいのぶふみ》

國學院大學文学部文学科卒業。明治神宮に奉職後、神田神社に移り、昭和六十二年より宮司。学校法人熊野学園理事長、財団法人神道文化会評議員、学校法人國學院大學評議員、社団法人日本国際青年文化協会監事、東京都神社庁顧問ほか。

教化活動の意義

神田明神は江戸時代に徳川幕府から「江戸総鎮守」とされ、江戸の守り神となりました。そうした伝統があり、「江戸っ子」「神田っ子」「日本橋っ子」と呼ばれる粋な人々に崇敬されてきた歴史があります。その辺りに人を惹き付けるなにかがあるのではないか、と考えています。

江戸時代、神田は徳川将軍に付いてきた職人たちの町でした。一方、日本橋は商業の町、商人の町です。そのような庶民である「神田っ子」「日本橋っ子」に今日まで崇敬されてきた歴史があるからこそなのでしょう。

神田明神としては、そのような方々のご期待に答えられるよう、これから十五年後の創建千三百年に向けていろいろなことをやりたいと考えております。まずは、ご神殿をはじめとする施設の充実を図り、境内環境を一層良くしていかなければなりません。たとえば今は、神田祭をこれからなお一層盛り上げていこうと考えております。境内環境、教化活動、そして三番目として、多くの文化事業を積極的にやっていこうと思っているのです。

参拝者を増やしていくには、やはり神社だけが頑張っても難しいところがあります。周辺地域の街づくりも重要なのです。ですから、神田明神を中心に江戸を象徴する街づくり、地域経済づくりをやろうと今、構想しているのです。

それで、まずは境内「文化交流館」（仮称）という建物をつくるのはどうだろう、と考えております。まず地階には、茶室や畳の間の斎館スペース。一階には江戸を象徴する商品を扱うお店と茶店カフェ。二階には映写室・展示室。三階は観客が三、四百人入れる劇場型多目的ホールにして江戸の文化を発信していくのです。

こういう施設を神社が率先してつくることによって、周辺の門前町も栄えていくだろうと思うのです。

国土交通省が東京オリンピックに向けて「外国人がたくさん訪れるから、神社仏閣にもなんらかの協力をお願いしたい」と言ってきております。その際、私がこの施設の話をしたら驚いておりましたが、やはり私は、日本本来の文化をしっかり発信したい、と思うのです。

ただ、神棚の普及が難しいのは、現代の住宅環境が大きな障害になっているのだと思います。

神棚というのは本来、家庭においては「教育の場」なのです。神棚を中心として家族の輪も生まれるのです。そのような神棚が無くなっていることも、家庭の崩壊がおきる原因のひとつになっているのではないでしょうか。

神田明神の神主はみんな十二月一日から一週間、神宮大麻や明神様のお札を持って街をまわることが恒例になっております。二人一組で、会社等を一軒一軒訪ね歩くのです。昔ながらの神主修行の一つとして今も続けております。

今後とも教化活動に力を入れていきたいと思います。


（2015年4月1日発売『WAGO―和合―』15号より）

沼袋氷川神社宮司
小俣《おまた》 茂《しげる》

東京都神社庁参与。
東京都内にて神社御造営五社の実績あり。

絶えることない民族性

神社がこれから取り扱う命題としては、「神様を祀る」という精神を若者に形として表すようにすること。端的に言えば、暮らしの中に神棚を祀ることに帰一《きいつ》します。ただし、神棚を祀るには、今の生活様式にいろいろネックがありますね。コンクリートのマンションでは、壁に簡単に釘を打つわけにはいきません。

私はご祈祷に参られる方々に話しているのです。「ただお札を形だけで、お参りしていたんじゃダメですよ。あなた方の念が強ければ強いほど、神様の霊力、神霊力があなた方の上に付与されます。あなた方が心を込めて念力を起こせば、それに応じて神様の霊力も変わってきます。だから、心を込めて参りなさい」と。

氏神様、産土神様、鎮守様、これは全部繋がっています。民衆は集団化してくると必ず神様を祀る。日本人的な、民族の血ですかね、そういうことが必ずあったのです。

近年、若い方のお参りも非常に多くなりました。当社の狛犬は赤ちゃんを抱いているのですが、インターネットで「子育ての狛犬、あれを撫でると安産になりますよ」と書かれて、安産祈願がたいへん多くなりました。

神社というのは、柔らかい言葉で表現すると「繋がりの信仰」です。祖先伝来ずっと引き続いてきた、近代信仰から言えば素朴な信仰です。日本人とは何者であるかと考えた時、やはり一番原初的というか、元になるのは神道でしょう。日本の民族というのは宗教的寛容さを持った民族なのです。神棚を祀りながら仏壇も飾っている。これは他の民族からしたら、なんてふしだらな、となり、宗教的観点からすると情けない民族だという評価を受けてしまいます。しかし、これが日本人の特質なのです。帰一するところは、祖先崇拝なのではないでしょうか。

「氏子」というのは、いつの間にかそのテリトリーが決まっていた、という感じです。例えば、私どもは沼袋氷川神社ですが、近隣の江古田の氷川神社、大和町の八幡神社、新井の天神様と、それぞれどこで区切りがついたのか古い歴史まで遡ることはできません。しかし大正初期の記録にある沼袋の「氏子」の区域に含まれる人たちを「氏子」と称しており、それ以外は「崇敬者」と言っています。だから、「氏子」というのは、我々の感覚からすると氏子区域内に住まいを持っている、在住している人たちを総称して「氏子」。またその土地で生まれた人たちを「産土」と言います。氏子区域の中に産土の思想というのは内含されます。

「鎮守様」というのは、その土地に息づく神様です。血縁は時代とともに地縁に変わっていきますから、氏神様というのは一般的名称であるけれど、その中には鎮守様という思想も含んでいて、産土神もある。氏子、産土、鎮守、これらは融合性があり、絡み合っているのです。

最近心強く思ったのは、ありがたいことに若い人の参拝が多くなったこと。日曜日なんか来てごらんなさい。本当にびっくりするくらいぞろぞろ来ています。やはり、日本人の心の底には民族の精神、祖先崇拝があり、自らが現在あるということのありがたさを感じています。この精神は、絶えることなく続いていくと思うのです。

（語り下ろし特別対談より）

日本経済人懇話会会長
神谷光徳《かみやみつのり》

日本環境ビジネス推進機構理事長。
昭和十三年、神奈川県横浜市に生まれる。日本大学経済学部卒業。昭和五十五年、総合建設業（株）冨士工入社。取締役副社長等を経て、平成十二年六月、特別顧問に就任。西郷隆盛の「人を相手にせず、天を相手にせよ」が座右の銘。株式会社冨士工特別顧問。

見えない真心

私自身の体験談をお話しします。

私の家から歩いて五、六分のところに、創建八百六十年以上の白幡八幡神社がありま す。もう四十年以上、私は毎朝六時にそこへお参りしているのですが、そのきっかけは、若い頃、過って六歳の男の子を車ではねてしまったことでした。男の子は仮死状態で病院へ運ばれ、私は警察で取り調べを受けました。忘れもしません、午前三時に取調室にメモが持ってこられ、刑事さんから「お前、人を一人殺したな。今、病院の手術室で親御さんや親戚の方々とお別れしているところだ」と告げられたのです。翌朝の九時には病院へ駆けつけました。ご両親と思われる方がソファーにうずくまっていて、私が声をかけても顔は上げてくれませんでした。

ところが、その男の子は仮死状態のままでずっと生きて、一ヶ月くらいたった頃、奇跡的に意識を取り戻したのです。それから半年間、男の子は入退院をくり返し、いろいろなことがありました。そして弁護士を通して、今のお金に換算して一億円くらいの慰謝料を請求してきて、私は仕事も手に付かないほどショックを受けました。

この頃から私の氏神様参りは始まりました。毎朝、境内で三十分間、祈るのです。

参拝を始めて一ヶ月半くらい経った頃でしょうか。いつものように祈っていると境内の樹木が一斉に金色に輝き出し、その光景は何日も続きました。そして八日目には参道の石畳までが踊るように光り輝き出しました。不思議な夢を見ているような光景でした。

その光景を見て、こんな小さなことで私は何ヶ月も悩んでいたのか、という気持ちになり、涙がとまらないほどの感動と感激をおぼえました。「よし、今日から命がけで仕事をする」と決意したのです。

またその日は、長野県の本社から社長が私の元へ訪ねてこられました。そして、交通事故の件は私に任せなさいと、会社の顧問弁護士を紹介してくれたのです。その後、弁護士どうしの話し合いで決まった額が、今日の三千万円くらいの金額でした。

その後も社長は私のもとを訪れ、「交通事故の件はどうなった?」と何度も訊ねてくれました。額が減ったとはいえ、私には大変な三千万という慰謝料のことをつい話すと、なんと社長はその場で三千万円の小切手を切り「これを弁護士の先生のところへ持って行きなさい」と渡します。私は返済ができないので何度も何度もお断りしました。すると社長は一言「神谷くん、男なら仕事で返せ」。私はとめどなく涙を流しながら、その小切手を受け取り弁護士の先生のもとへと向かったのです。

それからはなお一層、必死で仕事しました。すると仕事の舞台もどんどん大きくなっていったのです。私は「私はもっともっと、人のために役に立たなければ申し訳ない」という使命を一層感じました。

私のところには中小企業の経営者もよく相談に来るのですが、悩みを聞いた後、よく私は「祈られたらどうですか」とすすめます。すると相手は、もしかして宗教の勧誘をされているのか、と大抵驚くのですが、もちろんそのようなことではありません。

形あるものはすべて無くなる。人間もやがて八十、九十になったら老衰し、死んでしまう。すべて無くなる。目に見えないものこそが本物なんだよ。目に見えないものを勉強しなければならない。だから、神社へ行きなさい、とすすめたのです。

親切や真心、愛、それは見えますか？　心も目に見えることはない。しかし、それが一番大切な本物なのです。

（2015年10月1日発売『WAGO―和合―』17号より）

大國魂神社宮司
猿渡昌盛《さわたりまさもり》

昭和二十八年、福岡県出身。昭和五十二年、國學院大學神道学専攻科修了。水田天満宮、太宰府天満宮奉職を経て、昭和六十三年に大國魂神社権宮司就任。平成十年、大國魂神社宮司に就任する。府中市文化財審議会委員、府中市遺跡調査会理事、府中市史編纂協議会委員、府中刑務所教浘誨師など地域に根差した奉仕活動にて活躍中。

神社の役割

大國魂神社は「武蔵総社」と称されます。

大化の改新によって律令制ができ、全国が六十八カ国に分けられ、それぞれに国府が置かれて国司が祭事を奉仕することになります。国司が国中の主な神様を集め、国府の隣に遥拝所的な神社をもうけたものが「総社」と言われています。

大國魂神社は武蔵国の総社として、一之宮から六之宮をお祀りしております。一之宮・小野神社、二之宮・二之宮神社（小河大神）、三之宮・氷川神社、四之宮・秩父神社、五之宮・金鑽神社、六之宮・杉山神社です。どうして、この六社なのかは分からないのですが、おそらく治水と川の問題が重要なポイントだと思われます。

そして主祭神は、国の神様である「國魂（くにたま）」です。この国の魂が衰えると、穀物が採れなくなったり、民衆が病気になったり、天候が不順になったりするのです。大國魂大神《おおくにたまのおおかみ》は、七つくらいの名前をお持ちで、出雲の大国主大神、大物主大神もその中にあります。

もともと日本人は、山や川や滝など、自然そのものに驚異と畏敬の念を持ち、神の存在を感じていたのです。仏教が入ってきて仏像を象徴的に拝するようになりますが、それ以前は大きな岩等に神を呼んで祀ったりしていたのです。偶像ではなく、自然そのものを崇拝していました。

神社は祈りの場であり、祭りの場です。

日本人の素晴らしいＤＮＡは、鎮守の神様のお祭りの中にまだしっかり受け継がれていると思います。府中には「くらやみ祭」があり、大勢の若者が参加します。みんなお祭りが大好きで、正月が開けると「お祭りだな」と嬉しくなってくる、というくらいです。

お金のある人は寄付でお祭りを支え、お金の無い若者は体力を提供して神輿を担ぎます。お年寄りは知恵を使って行事の差配、女性の方は賄いのお手伝いと、みんなでお祭りを運営していくこのボランティア組織が日本人の共同体の基本になっている、と思います。

ですから、都会に出てきた地方の方々も、疎外感を味わうことがないよう、お祭りに参加していただきたいものです。地方からの学生さんも、アパートに近い神社のお祭りに参加すれば良い思い出になる上、地域との良い関係も築けます。

これから団塊の世代の子供たちは、自分の家を持つのが難しくなるそうです。そして、機能性を重視した部屋造りのマンションには神棚を置く場所がない。そのような住宅事情がどうしてもありますね。

それでも若い神主たちが、若者にも神宮大麻を祀っていただきたいと広報誌にアニメを用いたり、駅舎にも映像でお祀りしましょうという運動をやっています。少しずつ効果も出てきているようです。

神棚だけでなく、住宅事情の変化による影響は色々と大きいですね。地鎮祭《ぢちんさい》をなさる方も少なくなって、残念に思っています。上棟祭をされる方もなかなかいません。昔なら、地鎮祭、上棟祭、竣工祭がされていたのです。昔は材料も大切にしていたので、家を建て直す時は古材を丁寧にはずしていき、しっかり活用していました。今は一気にユンボで壊してしまいます。なんとも、もったいないですね。

私たちは歴史を断絶してはいけないと思います。脈々と受け継がれている場所がどこかにないといけないのです。それが神社の役割だと思います。伝統的なものを守り、それを伝えていかないといけないのです。


（２０１５年７月１日発売『ＷＡＧＯ―和合―』１６号より）

乃木神社名誉宮司
高山《たかやま》 亨《とおる》

神社新報社代表取締役。
昭和二十一年、神奈川県出身。同四十五年、皇學館大学国史学科卒、同年神社本庁に勤め、教学部や調査部兼教学研究室勤務を経て、同四十七年乃木神社権禰宜、同五十七年同神社禰宜、同六十年宮司となる。

神学の大切さ

どうして乃木将軍ご夫妻が神として祀られることになったのか？　この神学こそが、神社として一番大事なところです。乃木将軍が「ただ偉い人だった」ということならば、墓前にお参りすればいいわけです。

乃木将軍は、明治十年に西南の役で軍旗を失い自決しようとします。そのとき、明治天皇が「今、死んではならぬ。生きてお役に立つように」とおっしゃられ、罪に問われませんでした。明治天皇の御優遇だということで、このとき乃木将軍に明治天皇のためという心持ちが定まるのです。

明治三十八年、たいへんな苦労をして旅順を落とし、日露戦争に勝利しますが、乃木将軍は二万人もの日本国民を亡くしてしまったということで慚愧の念にとらわれます。

その思いを込めた復命書を涙ながらに奏上する乃木将軍に、明治天皇はその心情をよく理解され「朕が生きている間は死んではならない」と厳命されます。そして、学習院長に勅命するのです。明治天皇の勅命ですから断れず、乃木将軍は学習院に泊まり込んで懸命に教育係をするようになられました。

このように明治天皇と乃木将軍の繋がりはたいへんに強いのです。

そして、心の約束である「心約」をずっと守ってきた乃木将軍でしたが、明治天皇が崩御せられたとき、「もう死んでもいいですね」と殉死された。それほどに約束を守るということを徹底された方でした。

日露戦争後、慰霊祭を旅順で行うのですが、負けた方が悔しいはずだからと、まずはロシア軍の慰霊祭を行ったのです。そして、その一年半後に日本軍の慰霊祭を行いました。その際、二人の息子を亡くした静子夫人は将軍の奥様としてではなく、あくまでも一遺族として現地へ赴かれたそうです。ご夫妻とも、公私のけじめが実に素晴らしい。現代社会では失われた感もある「公」と「私」のけじめが、極めてしっかりしているのです。

もちろん、忠誠の神というところが一番大事ではありますが、この公私のけじめと、約束を守るという点は、八百万の神々の御神徳の中でも乃木将軍ご夫妻の特に秀でたところだと思います。

ですから、乃木将軍ご夫妻を御祭神とする乃木神社といたしましては、質素倹約、約束を守る、公私のけじめ、そして「天皇を中心とした国柄は絶対にここで守るのだ」という神学ができる必要がある、と思っております。当社は、日本人の守り伝えるべき精神性を思い出させてくれる神社にしなくてはならないのです。

戦後教育の影響で、そのような乃木将軍の心情がまったく理解できない日本人になってしまうと困りますから、我々もしっかり乃木神学を立てていかなければならないのです。

乃木将軍の言葉の中でも一番大事にしたい、青少年教育の言葉があります。学習院長として小学生を集め、お別れの言葉を告げ、そのときに「日本はどこにある?」という質問をします。すると、四、五人の子供たちが手を挙げ「東洋の東にある」等と答え、その度に乃木将軍は静かにうなずかれます。その最後に壇上で、乃木将軍は「日本とは、ここにあるのだ」と自分の胸を指されたのだといいます。どこまでも清め清めていけば、神は心の中にあるのです。神道の根本的な教えを表す良い言葉だと思います。

日本人から「公」という観念がどんどん薄れ、「個」になりつつあります。本来、日本人には、万物すべてのものに生かされているという精神が根本にあったのです。神社の持つ機能とは「公」です。それは地域社会の幸せ、そして日本の幸せへと繋がっているのです。

今こそ、神社の持つ役割というものを正統的に伝えていくべきでしょう。日本全国には八万社の神社があり、神職が二万人います。そんな中でいかに神社の存立を訴えていくべきかと考えますと、これからの日本の神社はやはり、それぞれの土地の歴史を勉強した上で、一社一社に神学が無いといけない時代であると思います。どんなに時代が変わろうとも、変わってならないものが神学だと思います。神社も神学を立てるべき時代なのです。

（2014年10月1日発売『WAGO—和合—』13号より）

政治家
山谷《やまたに》えり子《こ》

昭和二十五年九月一九日東京都生まれ。出版社勤務、サンケイリビング新聞編集長、エッセイスト。平成十二年衆議院議員初当選後、政治家として活躍。エッセイストとして数々の著書も持つ。日本ペンクラブ会員、日本記者クラブ会員、日本外国特派員協会メンバー。

生命の源流

私が国会議員として、教育問題や拉致問題、家族の絆を大切にしたい、などという国会質問をたくさんしているうちに、宮司様たちが同じ考えだと思ってくださったようで繋がりができていきました。「敬神崇祖《けいしんすうそ》」の教えの下で育ったので、私の身体の中のDNAも、神様といつもお話ししているという感じなのです。

やはり神棚や仏壇がある家では、神様、ご先祖様が見守っていらっしゃるから間違ったことはしてはいけないと思うし、落ち込んだり、ひがんだり、いじけたりすることは恥ずかしいと思うのではないでしょうか。先祖からの脈々とした流れを自分にも自然に感じられるので、力を発揮することができるのだろうと思います。今の時代は、「私《わたくし》」や個性が重要視されていますが、それにも源流となるものがあるわけで、そこを感じているかどうかで生き方も違ってくるのだと思います。

神道は特定の教義があったり、布教したりということもなく、あくまでも自然と共生し、ご先祖様たちを感じながら生きていくということですから、宗教なのか慣習なのか判然としないところがあります。しかし、それによって脈々とした源流を感じることができ、それに抱かれながら日本人は生きてきたのです。民族的感情といってもいいかもしれませんし、普遍性が美しく高いと感じます。

だからこそ、他国の人たちから見ると、人の幸せを願い、正直で、親切で、勤勉で、親孝行で、清々しい生き方をしていると言われる。そういう生き方ができるのは、神道の影響が大きいと思うのです。

学校では国民主権は教えていますが、国家主権はほとんど教えていません。それぞれの国が国家主権を大切にすることによって平和が保たれる、という当たり前の感覚が欠落しているのです。

私は海洋政策・領土問題担当大臣の時に新しい日本地図を作って、全国の小中学校に配りました。これまでの地図では省略されていた、領土の海をすべて含めた地図です。日本には六千八百五十くらいの島があって、国境離島だけでも五百八十あります。ところが、大臣になって所有をしっかり調べてもらったら二百八十が所有者不明だったのです。ですから、すべて国家に帰属するという作業をしました。

新渡戸稲造先生が『武士道』で、日本人にとって領土は単なる土地以上のもので、先祖の霊の神聖な住まいと記しています。また、日本人は島々に神様の名前を付けて、大切にしてきたのです。そういう思いも込めて、すべてを含めた日本地図を子供たちに届けたのです。

やるべきことはまだまだ一杯です。大臣になった際、ジャーナリストの櫻井よしこさんから、「あなた、良い死に場所を得たわね」と励まされましたが、今後とも、まことの「死に場所」を求めながら頑張ります。

（2016年4月1日発売『WAGO―和合―』19号より）

浅草神社禰宜

矢野《やの》幸士《こうじ》

昭和四八年生まれ。山口県出身。トヨタ学園卒業後、トヨタ自動車で二年間、研究開発に携わる。二十歳の頃、浅草神社に禰宜として神職の道に入る。

感謝の気持ち

私は浅草神社でやらなければいけないこととして、二つの柱を立ち上げました。一つが青少年の教化育成事業です。合わせて氏子さんの教化活動。

そして、もう一つの柱が、日本伝統文化継承事業です。浅草や、江戸のまちがどんなまちなのか？　日本はどういう国なのか？　いろいろ調べていくと、浅草のまちには庶民が練り上げてきた四季折々の素晴らしい伝統と風習が根付いています。しかし今、それが残念ながらすたれようとしている。だからこそ浅草神社を、今まさに失われつつある浅草の、日本の伝統や文化、風習を次の世代に継承する場にしようと考えたのです。

今みたいに電話やインターネット等、情報網が発達していない時代、その地域に年一度のお祭りがあれば、そのために地域の人々は集い、また他の地域の情報も入ってきたりして交流が生まれる。だからこそ「社会」という字は「社」で「会う」と書く。昔は神社が地域社会を構築するための重要な場だったのです。

ところが今は、「この地域の人間」という意識を持って住む人がどんどん少なくなって、マンションでは隣人の顔も誰か分からない。人と人が接することをどんどん遮断する社会になってきた。今こそ神社が、遮断されそうになっている横の繋がり、そして世代間という縦の繋がり、これを十字に絡み合わせる場所にならなければならないと考えています。

「信仰」という一本の筋を持たずに地域の人々が集っても、子供が悪いことをしても大人は叱れず、大人が一生懸命にやっていても子供が尊ばない。現代社会はそうなっています。だからこそ、地域交流の場において神社がそういう役割をやらなければならない、と思うのです。

次の世代の神職の方々には一歩足を踏み出し、神社の良いところをどんどん引き出し、他業種からも学ぶべき点を取り入れていくより良い運営を常に模索していく必要があると思います。諸外国の思想や風習を取り入れ日本の国柄に合うようアレンジしてきた、まさに我が国のように。

神棚でも十分、青少年教育はできます。小さい頃から神棚に親しみ、大人になっても家に御神札を祀る事が当たり前となっている……、そんな活動をこれから広く深く展開していきたいですね。

やはり我々は、感謝する気持ちを常に持てるような体質に、日本人だからこそならなければいけないのだ、と思います。昔の人がそうであったように。今は、なにかに感謝する必要性を感じることがなかなか無い世の中です。だから、自分一人で生きていると勘違いして信じられない凄惨な事件を起こしてしまったりする。もし、人々の心に感謝の気持ちがたくさんあれば、必ず謙虚さも醸成されてくるはずです。多くの人たちにこの謙虚さがあれば、互いを気遣い必要の無い争い事は回避し合うと思うのです。

そのためには、神社の神様に祈ること、家庭の中の小さな神社である神棚に毎朝祈ることが大切です。祈ることで感謝の気持ちが自然に生まれてくるのです。

今一番思うのは、とにかく神社に足を運んでもらいたい、ということです。お正月だけでなく、お祭りだけでなく、なにか良いことがあった時、また嫌なことがあった時でもいい、ふらりと訪れて欲しい。神社というものは、いつでも行ける地域のコミュニティーの場であり、公園のような憩いの場です。鎮守の杜に佇み日常と違う空間を味わう、そういったことが当たり前の社会にしていきたいですね。

（2016年1月1日発売『WAGO—和合—』18号より）

作家
和田裕美《わだひろみ》

京都府生まれ。人材育成会社（株式会社ペリエ）代表、作家。熊野本宮大社社殿奉賛会参与。神社プラスー発起人。外資系教育会社を経て、『世界No.2セールスウーマンの「売れる営業」に変わる本』（ダイヤモンド社）で作家デビュー。女性向けビジネス本の先駆けとなり、多くの人の啓蒙活動を中心に活躍中。

自然な心

ここ十年もデフレが続いている、現在の日本の低迷感というのは、もしかしたら神棚を祀らなくなったりとか、神様へ向かう気持ちが無くなったことと比例しているのではないか、とも考えています。

ただ、神棚を家に置くのには、やはり大きな決心が必要だと思います。毎朝、忙しい時に、お供え物を替えなければならない、手を合わせなければならない。人間は継続が一番苦手ですから、毎日行うのは大変なことです。神棚を家に入れるということは、毎日お水を替えたり、手を合わせる習慣を生活の中に持つと決心することです。今の人々には、毎日やることですぐに成果が出ないことを続けるのは難しいだろう、という気もします。

神社に参拝する習慣を作ることも大切ですね。多くの人々が参ることで神様の力も増してくるはずです。

最近、自然に神社や神道の素晴らしさを発信する活動をすることが多いので、神様が私に「やりなさい」と仰られているのかなと感じています。今の日本を見ていると、震災を経て、「それでもまだ分からないのか！」と神様が怒っている気がします。せっかく変わりかけたのに、また戻ってしまっている。だからこそ、私たちが発信していかなければならないのでしょう。

私の家の神棚についてですが、私は引っ越しをしたら神棚も替えるものだと思っていました。しかし、「毎朝、和田さんが祝詞を上げ続けてきた神棚だから、同じものを使った方がいいんじゃないか」という人もいて、迷ったままタイミングを逃して今日まで来ました。でも、もう十年以上使っていますし、私が神様だったら、新しい家の方が気分が良いだろうと思いまして、そろそろ替えようと考えています。宮形の方は十年も使えば、そろそろ替え時期ですよね。

昔、ある社長さんが、金箔張りの、高価で、凄い神棚を祀っているのを見ました。でも、その人の会社は駄目になってしまったのです……。

これは神棚マイスターである窪寺さんに教わったのですが、日本の良いところは、例えば「白木」という言葉にも象徴されているのです。白い木だから「白木」というわけではなく、素朴で、手を加えない、装飾をしていない、自然のままの木を白木といいます。神社も神棚も、この「白木」でつくるのが基本なのですね。このことは、神様が私たちにも自然なままの、装飾していない、そのままの心を求めているのだと思います。ですから神棚も、これみよがしに高価な装飾をしたところで、効果はないそうです。そういえば、私が大好きな神社も、派手な所ではなく、シンプルな普通の神社です。

人の欲望は際限がないもので、どこまでも際限なく求めていると破滅するかもしれません。しかし一方で、求めなければ成長もないわけです。たとえば、自らの健康を願うことも、ある種の欲望で、求めていることですよね。でも、求めなければ得られないのです。

そのような求める上での心の在り方、際限なく求めるのではなく、たえず葛藤しながらもバランスを保つことが重要なのだろうな、と思います。

（2012年7月1日発売『WAGO—和合—』4号より）

窪寺伸浩（くぼでら・のぶひろ）

神棚マイスター。
クボデラ株式会社・マルトミホーム株式会社、代表取締役社長。
神棚の販売を通じて、どこの家でも見られなくなってきた神棚の大切さと、その存在意義を普及する活動を行うほか、さまざまな企業の朝礼で神棚の祀り方などをアドバイスしている。クボデラ株式会社は「木を哲学する企業」と名乗り、国内外木材及び木質建材の卸売り、社寺用材の納入、神棚セットの販売などを行っている。東京都神社庁御用達。著書に『なぜ儲かる会社には神棚があるのか』（あさ出版）等がある。

[神棚についてのお問い合わせ先]
クボデラ株式会社　http://www.kubodera.jp/
電話番号：03-3386-1153
FAX番号：03-3386-1165
メールアドレス：info@kubodera.jp

あなたの部屋《へや》に神様《かみさま》のお家《うち》を作《つく》りませんか
神棚《かみだな》のある暮《く》らし方《かた》

2016年6月17日発行

著　者　窪寺伸浩
発行人　佐久間憲一
発行所　株式会社牧野出版
〒135-0053
東京都江東区辰巳1-4-11　STビル辰巳別館5F
電話 03-6457-0801
ファックス（注文）03-3522-0802
http://www.makinopb.com

印刷・製本　中央精版印刷株式会社

内容に関するお問い合わせ、ご感想は下記のアドレスにお送りください。
dokusha@makinopb.com
乱丁・落丁本は、ご面倒ですが小社宛にお送りください。
送料小社負担でお取り替えいたします。

 ISBN978-4-89500-207-3